CATALOGUE

DE LA BELLE COLLECTION DE

LETTRES AUTOGRAPHES

DE FEU SON EXC. LE COMTE GEORGES ESTERHAZY,

Conseiller intime, chambellan, envoyé extraordinaire et ministre plénipotentiaire de S. M. l'empereur d'Autriche, Grand'croix de la Couronne de fer de l'ordre de Charles III, etc.

DONT LA VENTE AURA LIEU

RUE DES BONS-ENFANTS, 28, MAISON SILVESTRE,

SALLE N° 3,

le jeudi 26 mars 1857 et les six jours suivants,

à sept heures du soir,

Par le ministère de Me BAUDRY, Commissaire-Priseur, rue Sainte-Anne, 69,

Assisté de M. CHARAVAY.

PARIS

CHARAVAY, LIBRAIRE,

EXPERT EN AUTOGRAPHES,

Rue de Seine, n° 53.

1857.

CATALOGUE

DE LA BELLE COLLECTION DE

LETTRES AUTOGRAPHES

DE FEU SON EXC. LE COMTE GEORGES ESTERHAZY,

Conseiller intime, chambellan, envoyé extraordinaire et ministre plénipotentiaire de S. M. l'empereur d'Autriche, Grand'croix de la Couronne de fer de l'ordre de Charles III, etc.

DONT LA VENTE AURA LIEU

RUE DES BONS-ENFANTS, 28, MAISON SILVESTRE,

SALLE N° 3,

le jeudi 26 mars 1857 et les six jours suivants,

à sept heures du soir,

Par le ministère de M. BAUDRY, Commissaire-Priseur, rue Sainte-Anne, 69,

Assisté de M. CHARAVAY.

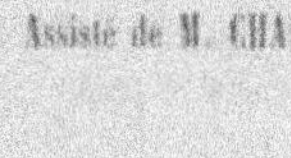

PARIS

CHARAVAY, LIBRAIRE,

EXPERT EN AUTOGRAPHES,

Rue de Seine, n° 53.

1857.

ORDRE DES VACATIONS.

Jeudi, 26 mars 1857 :
du nº 1 à 117.

Vendredi, 27 mars 1857 :
du nº 118 à 235.

Samedi, 28 mars 1857 :
du nº 236 à 353.

Lundi 30 mars 1857 :
du nº 354 à 471.

Mardi, 31 mars 1857 :
du nº 472 à 591.

Mercredi, 1er avril idem.
du nº 592 à 704.

Jeudi, 2 avril idem.
du nº 705 à 778.

Portraits de nº 779 à 792.

AVIS.

Il y aura chaque jour de vente, de une heure à trois, exposition des autographes qui seront vendus le soir.

On aura huit jours pour la vérification des pièces; passé ce délai, aucune réclamation ne sera admise.

Les acquéreurs paieront 5 pour cent en sus du prix d'adjudication.

MM. les amateurs sont prévenus qu'ils pourront demander la division des lots d'autographes et de portraits, à moins toutefois qu'il y ait opposition de la part de quelque enchérisseur.

M. Charavay, chargé de la vente, remplira les commissions qu'on voudra bien lui confier.

STRASBOURG, IMPRIMERIE DE G. SILBERMANN.

*

LA Collection dont nous donnons ici le Catalogue, est une des plus importantes qui aient été offertes cette année aux enchères publiques. M. le comte Georges Esterhazy, qui l'a formée, était un homme de goût, et qui ne reculait devant aucun sacrifice pour se procurer les pièces qui lui manquaient, soit pour compléter des séries de personnages, soit pour donner à sa collection ce caractère de variété qui jette tant d'attrait sur la possession des autographes. Les brillantes relations que créait à M. le comte Esterhazy sa haute position dans la diplomatie, lui ont permis d'acquérir bien des lettres d'hommes illustres que l'on chercherait vainement dans le commerce, et qui figurent pour la première fois dans la nomenclature d'un Catalogue.

Pressé par le temps, je n'ai pu donner, en cataloguant les pièces, tous les développements que leur importance méritait; il aurait fallu souvent transcrire les lettres en entier pour en faire connaître l'intérêt. La sobriété que j'ai apportée ici ne fera rien perdre à une collection qui se recommande suffisamment par le nom de son possesseur, par le goût éclairé, et nous dirons même passionné, qu'il a mis à la réunir.

Parmi les illustrations qui composent cette galerie, nous nous contenterons de signaler les suivantes :

Rois et Reines de France : Louis XII, XIII, XIV, XV, XVI et XVIII; François Ier et II; Henri II, III et IV; Charles IX et Charles X, très-belle lettre politique; Napoléon Ier, superbe lettre autographe à son frère Joseph sur Joséphine, et lettre autographe à Joséphine; Catherine de Médicis, Marie de Médicis, Marie-Antoinette, deux belles lettres. — Rois et Reines d'Angleterre : Henri VIII, Jacques Ier et II, Charles Ier et II, Guillaume III et IV, Georges Ier, II, III et IV, Anne, Henriette, Marie Stuart, belle et importante lettre, écrite après sa condamnation à mort, au duc de Guise.

— EMPEREURS ET IMPÉRATRICES DE RUSSIE : Pierre Ier, Paul Ier, Alexandre Ier, Nicolas Ier, Marie Fœdorona. — EMPEREURS ET IMPÉRATRICES D'ALLEMAGNE : Joseph Ier et II, Léopold II, François II, Marie-Thérèse. — ROIS ET REINES D'ESPAGNE : Ferdinand-le-Catholique et Isabelle sa femme, Philippe Ier, II, IV et V. — ROIS ET REINES DE SUÈDE : Gustave-Adolphe, Gustave III, Charles IX, X, XI et XII et Christine. GRANDS CAPITAINES ET PRINCES FRANÇAIS : Philippe-le-Bon, duc de Bourgogne, le prince de Condé, tué à Jarnac, importante lettre, Condé-le-Grand, Guise (Fois et Henri de), Mayenne (le duc de), Rohan (Henri de), Turenne, Villars, Angoulême (le duc et la duchesse d'), Berry (le duc et la duchesse de) et Henri, duc de Bordeaux. — GRANDS CAPITAINES ÉTRANGERS : Cordoue (Gonsalve de), don Juan d'Autriche, Albe (le duc d'), Garcia de Paredes (don Diego), Espartero, Farnèse (Alexandre de), Eugène de Savoie, Nassau (Maurice de), Marlborough, le prince Charles et Blücher. — CÉLÉBRITÉS FRANÇAISES ET ÉTRANGÈRES : Bossuet, Fénelon, Nicole, Arnauld (aut.), Larochefoucauld, auteur des *Maximes*, Lafontaine, Montesquieu, Buffon, Florian, Rousseau (J.-J.), Voltaire, Scudéri (Madeleine de), Marat, Montespan (Mme de), Maintenon (Mme de), Ursins (la princesse des), Mozart, Beethoven, Haydn, Linnée, Euler, Keppler, Herschell, Franklin, Erasme, Leibnitz, Lessing, Klopstock, Schiller, Wieland, Kant, Chesterfield, lord Byron, Fox, Goëthe, Luther, Th. de Bèze, Mélanchthon, Velasquez, le célèbre peintre, Lopez de Véga, manuscrit aut., Gomez de Silva (Ruy), Granvelle (le cardal de), Sully, Retz (le cardal de), Foucquet, Cinq-Mars, Élisabeth (Mme), sœur de Louis XVI, Frédéric II, dit *le Grand*. — PAPES : Alexandre VIII, Clément VII et IX, Paul V, Urbain VIII et Léon XII.

Terminons en disant que les pièces sont dans un état de conservation irréprochable, à moins d'indication contraire.

Paris, 22 février 1857.

CHARAVAY.

CATALOGUE

DE

LETTRES AUTOGRAPHES.

1. **ABERDEEN** (G. Gordon), célèbre homme d'État anglais.
L. aut. sig. en français au duc de Laval-Montmorency, 2 septembre 1830. 1 p. 1/2 in-4.
Jolie lettre, quelques détails politiques.

2. **LE MÊME.**
L. aut. sig. en anglais à Hamilton Seymour. 1848. 1 p. 1/2 in-8.

3. **ACADÉMIE FRANÇAISE.** Huit lettres aut. sign.
Barante, 1 p. in-8. — Berryer fils, 1 p. in-8. — Dupin, 1 p. in-8. — Frayssinous, L. aut. sig. *D. F. Dh.* 1 p. 1/2 in-8. — Mignet, 1842. 1 p. 1/2 in-4. — Molé, 1 p. in-8. — Noailles (le duc de), 1 p. 1/2 in-4, et Salvandy, 4 p. in-8.

4. **ADÉLAIDE D'ORLÉANS** (Mad.), sœur de Louis-Philippe.
L. aut. sig. *L. A. D. D'O* à la marquise de Gontaut, 27 mai 1815. 1 p. 1/4 in-8. Papier à entourages gaufrés.
Charmante lettre d'amitié.

5. **LA MÊME.**
L. aut. sig. *A. D. O.* 1er mars 1840. 4 p. in-8. Très-jolie lettre.

6. **ADELUNG** (Jean-Chr.), littérateur allemand, grammairien et bibliothécaire de l'électeur à Dresde.
L. aut. sig. en allemand. Dresde 1788. 3/4 de p. in-fol.
Heeren (le Dr), historien allemand.
L. aut. sig. à M. Hubner. 1839. 3/4 de p. in-4.

7. **ADOLPHE-FRÉDÉRIC**, roi de Suède.
2 l. sig. avec la souscription aut. à Marie-Thérèse d'Autriche. 1766. 1 p. 1/2 in-fol.
Ulrike-Éléonore, reine de Suède, femme du précédent, mère de Charles XII.
L. sig. en suédois. 1714. 1 p. 1/2 in-4.

8. **ALBE** (Ferd.-Alvarez de Tolède, duc d'), gouverneur des Pays-Bas, connu par ses talents militaires et par sa cruauté.
L. sig. en allemand. 1568. 2 p. in-fol. Cachet.

9. **ALBERONI** (Jules), cardinal et ministre.
L. aut. sig. à la reine d'Espagne. Madrid 1717. 1 p. in-fol.

10. **ALDRINGEN** (Jean), général des armées impériales sous Ferdinand II.

L. aut. sig. en allemand. 13 novembre 1625. 1 p. in-fol.

11. **ALEMBERT** (J. Lerond d'), philosophe, de l'Acad. franc.

L. aut. sig. Paris, 20 novembre 1774. 2 p. pl. in-4.

12. **LE MÊME.**

L. aut. sig. à la marquise du Deffant *s. d.* 3 p. pl. in-4.

Il déclare qu'il n'a jamais pensé à la place de secrétaire de l'Académie, que s'il a fait la préface de l'*Encyclopédie* ça été pour contribuer de son mieux au bien de l'ouvrage, qu'il n'a jamais eu dans tout cela aucunes vues d'intérêt ni de fortune et point d'autres que de prouver qu'on peut être géomètre et avoir le sens commun.

13. **ALEXANDRE VIII**, pape.

L. sig. Rome, 28 août 1688. 1 p. in-fol.

14. **ALEXANDRE I**er, empereur de Russie.

L. aut. sig. à la duchesse de Courlande. Paris, 20 avril 1814. 1 p. in-4. Enveloppe et cachet.

15. **ALPHONSE III**, duc de Modène, puis Capucin.

1° L. sig. avec la souscription aut. 1627. 1 p. in-fol. Cachet. 2° L. sig. 1624. 1 p. in-fol. Cachet.

16. **AMBASSADEURS ALLEMANDS.** Six lettres.

Ottingen (Louis). 2 l. aut. sig. 1846. 2 p. in-8. — Rewiczki (G. Adam). L. aut. sig. en allemand. 1826. 1 p. pl. in-4. et pièce sig. 1830. 3 p. 1/2 in-4. — Senfft (F. L.). L. aut. sig. en allemand. 1847. 3 p. in-8. — Wessenberg (J. Ch.), ministre. L. aut. sig. en allemand. 1847. 2 p. in-4.

17. **AMBASSADEURS ALLEMANDS.** Douze lettres.

Colloredo. L. sig. 1805. 1 p. in-fol. — Barbego (Sigismond). L. sig. 1580. 1/2 p. in-4. Cachet. Kaunitz (D. André). 2 l. aut. sig. 1680 et 92. 3 p. in-fol. et in-4. — Kinsky (François). 2 l. aut. sig. Nimègue, 1678. 6 p. in-fol. — Kollowrat (F. Ch.). L. aut. sig. 1676. 1 p. in-fol. — Thun (François-Sig., comte de). 2 l. aut. sig. 1680 et 1687 et l. sig. 1685. 4 p. in-fol. — Varenbuhler (Jean). L. aut. sig. 1682. 1 p. in-fol. Cachet. — Wilczek (Jean, comte de). 2 l. aut. sig. en français au prince de Lobkowitz. Naples, 1774. 16 p. in-4. Curieux détails sur la cour de Naples.

18. **AMBASSADEURS ALLEMANDS ET SUÉDOIS.** Huit lettres.

Baner (Pierre). L. aut. sig., 1629. 2 p. in-fol. — Bonde (Ch.). L. sig. 1673. 3 p. in-fol. — Lobkowitz (le comte de). 2 l. sig. 1680. 4 p. in-fol. — Sinzendorf (Ph.). L. sig. terminées par 11 lignes aut., 1700. 3 p. in-fol. — Stahremberg (G. Adam). L. sig. 1758. 2 p. in-fol. — Trautson (Paul-Sixte, comte de). L. aut. sig. 1677. 4 p. in-fol. et l. sig. 1663. 1 p. in-fol.

19. **AMBASSADEURS RUSSES.** Sept l. aut. sig. en français.

Mateszewic, 2 lettres, 1829 et 1836. 1 p. 1/2 in-8. et 1 p. in-4. — Medem, 3 lettres, 1841. 4 p. in-8. — Meyendorff, 1839. 1 p. in-4., et Titow, 1845. 3 p. 1/2 in-8.

20. **AMBASSADEURS ET MINISTRES RUSSES.** Cinq lettres aut. sig. en français.

Pahlen (Frédéric), Bukarest, 26 septembre 1828. 3 p. 1/2 in-4. — Panin (Victor), 3/4 de p. in-8. — Ribeaupierre (Alex.). 1845. 1 p. in-8. — Tatitscheff, Vienne, 5 février 1838, 1 p.

1/2 in-4. Politique, 13 lignes ont été raturées. — TEGOBORSKI (L. de), 1845, 1 p. in-8.

21. **AMBASSADEURS** de diverses puissances. 14 lettres.

BORGHÈSE, comte de Sulmona, 3 l. sig. en italien, 1682, 5 p. in-4. — CARAFFA (Ant.), 3 l. sig. dont une avec 6 lignes aut. 1693, 15 p. in-fol. — CZERNIN (Jean), l. aut. sig. et l. sig. 1693, 2 p. in fol. — GRIMALDI (le m[is] de), l. sig. 1768, 3 p. in-4. — PALMELLA (le duc de), Portugais, l. aut. sig. en français, 1833, 2 p. in-4. — PETTING (Eusèbe, comte de), 4 l. dont une avec 4 lignes aut. 1662 et 1677, 10 p. in-fol. — SALVIUS (Jean), Suédois. Fragment de l. aut. sig. 1646.

22. **AMBOISE** (Charles d'), seigneur de Chaumont, maréchal et amiral de France.

Pièce sig. sur vélin, 1507, in-fol. en travers. Cachet, légèrement tachée d'humidité.

23. **ANCILLON** (J. P. F.), célèbre professeur et historien.

L. aut. sig. Berlin, 27 mai 1831, 1 p. in-4.

24. **ANCRE** (Concino Concini, maréchal d').

L. sig. avec 4 lignes aut. à M. de Nerestang, d'Amiens, 15 septembre 1615. 1 p. pl. in-fol.

Détails militaires intéressants.

25. **ANGOULÊME** (Louis-Ant., duc d'), dauphin de France.

L. aut. sig. au prince de Laval-Montmorency, Barcelonne, 20 avril 1815. 3/4 de p. in-4.

26. **LE MÊME.**

L. aut. sig. 14 novembre 1822. 1 p. 1/2 in-8, jolie épître.

27. **LE MÊME.**

L. aut. au prince... Bordeaux, 25 août 1815. 2 p. in-8.

... J'ai Ecrit des Lettres très-fortes à Castanos, ce qu'il y a de Certain c'est que s'ils veulent (les Espagnols) entrer en France, il faudra qu'ils me passent sur le Corps, notre midi est Content et n'a pas besoin d'Etre Ecrasé par L'invasion d'une armée étrangère, le reste de la France est déjà assez Malheureux... Je ne suis plus rien, je ne suis revêtu d'aucuns pouvoirs ni civils ni militaires, mais le Roi m'ayant mandé qu'il avait donné des ordres pour repousser la force par la force et de contribuer avec lui à preserver notre midi de L'invasion des Espagnols, Je me presenterai comme soldat au devant d'Eux...

28. **ANGOULÊME** (Marie-Thérèse-Charlotte de France, duchesse d'), dauphine.

L. aut. sig. à la duchesse de Gontaut. Metz, 17 septembre 1828. 1 p. pl. in-4. Cachet.

Très-jolie lettre d'amitié.

29. **LA MÊME.**

L. aut. sig. *M. T.* Frosdorff, 15 octobre 1847. 1 p. 1/4 in-8.

... le ménage de mon neveu est bien heureux ils font plaisir à voir, si bons si raisonnables, leurs qualités mutuelles ne me laisse aucun doute sur la continuation du bonheur de leur union...

30. **ANHALT-DESSAU** (Léopold, duc d'), Feld-Maréchal, gouverneur de Magdebourg.

L. sig. en allemand. Postdam, 1739. 2 p. pl. in-4.

31. **ANNE**, reine d'Angleterre, fille de Jacques II.

L. aut. sig. en français à l'empereur d'Autriche. Saint-James, 3 mars 1712. 2 p. pl. in-4.

Très-belle lettre dans laquelle elle l'assure de son amitié.

32. **LA MÊME.**

L. sig. avec la souscription aut. et contresignée par *Saint-Jean comte de Bolingbroke.* 1710. 3 p. 1/2 in-fol.

33. **ANNE D'AUTRICHE**, reine et régente de France.
L. aut. sig. au cardinal de Richelieu. Paris, 10 juillet 1629. 1 p. in-4. Cachets et soies. Jolie lettre.

34. **LA MÊME.**
L. aut. sig. à sa sœur la princesse de Piémont. Paris, 2 mai 1629. 1 p. in-4. Cachets et soies. Jolie épître.

35. **ANTOINE DE BOURBON**, roi de Navarre, père de Henri IV.
L. sig. au comte de .... 1554. 1 p. in-fol. Trace de cachet.

36 **ANTOINE** (don), prieur de Crato, roi de Portugal en 1580, et dépossédé par Philippe II.
L. aut. sig. en espagnol, au roi de France. *s. d.* 1 p. pl. in-fol. Cachet. Très-belle lettre.

37. **ANTOINE**, roi de Saxe.
L. aut. sig. en français. Dresde, 10 juin 1822. 1 p. 1/2 in-8.

38. **APAFFI** (Michel), prince de Transylvanie.
L. aut. sig. 12 février 1687. 1 p. in-fol. Cachet.
Anne Bornemissa, épouse du précédent.
L. aut. sig. 1683. 2 p. 1/2 in-4. Cachet.

39. **LE MÊME.**
Sept l. sig. de 1678 à 1687. 12 p. in-fol. Cachets.
Anne Bornemissa, sa femme.
Deux l. aut. sig. 1661-1681. 3 p. in-4. Cachet.

40. **APAFFI** (Michel II), prince de Transylvanie, fils du précédent, dépossédé par Tekeli.
Deux l. aut. sig. 1691 et 1698. 1 p. in-4. Cachet.

41. **ARCHEVÊQUES HONGROIS.** Neuf lettres.
Kutassy (Jean), l. sig. 1598. 1 p. in-fol. Cachet. — Lippai (Georges), l. aut. sig. en latin. 1652. 3 p. 1/2 in-fol. Belle lettre. — Pethe de Hetes (Martin). 1° L. aut. sig. en latin. 1589. 3 p. in-fol. 2° L. sig. en latin. 1599. 2 p. in-fol. Cachet. — Pusky (Jean), l. aut. sig. *s. d.*, 1 p. in-fol. Cachet. Et l. sig. à l'emp. d'Allemagne. 1655. 2 p. in-fol. Cachet. — Szecheni (Georges), l. sig. en latin, vers 1685. 1 p. 1/2 in-fol. Portrait. — Szelepcseny (Georges), l. aut. sig. à l'emp. d'Allemagne. 1646. 1 p. in-fol. Cachet. Et l. sig. 1661. 1 p. in-fol. Portrait.

42. **ARNAULD** (Antoine), célèbre docteur de Sorbonne.
L. aut. sig. ce 25 octobre. 1 p. 3/4 in-4. Belle lettre.

43. **ARNAULT DE POMPONE** (Simon), ministre d'État.
L. aut. sig. *s. d.* 1 p. in-4.

44. **ARNDT** (E. M.), célèbre idéologue allemand.
Pièce de vers aut. sig. en allemand. 1813. 3 p. 1/2 in-4.
Koerner (Th.), poëte allemand.
Lettre et pièce de vers aut. sig. 1809. 3 p. 1/2 in-4.

45. **AUGUSTE III**, roi de Pologne.
L. aut. sig. à l'impératrice, reine de Hongrie. Dresde, 27 septembre 1763. 1 p. in-4. Enveloppe et cachet. Lettre d'amitié.

46. **LE MÊME.**
Deux l. sig. 1737 et 1752. 4 p. in-fol. Cachet.

47. **AUMALE** (Charles de Lorraine, duc d'), gouverneur de Paris. Il défendit cette ville contre Henri IV.
L. sig. avec la souscription aut. à Son Altesse. Anvers, ce 23 août 1615. 1 p. in-fol. Cachets.

48. **AUMALE** (Henri d'Orléans, duc d').
L. aut. sig. *H. D.* à M. Raoul. Laken, 17 octobre. 1 p. 1/2 in-8.

49. **AVALOS** (Ferd.-F^cois d'), marquis de Pescara. L'un des meilleurs capitaines de Charles-Quint.
L. aut. sig. en espagnol. Ce 15e jour de décembre. 1 p. 1/2 in-fol. Cachet.
Très-belle lettre, *rare*.

50. **AVESPERG** (Jean-Weickard), favori et ministre de l'empereur Ferdinand III.
1° L. aut. sig. en allemand. 30 septembre 1648. 1 p. in-fol.
2° L. sig. avec 3 lignes aut. en allemand. 2 août 1663. 1 p. in-fol. Cachet.
AVESBERG (Léopold), ambassadeur en Angleterre.
L. aut. sig. en français. La Haye, 1699. 1 p. 1/4 in-4. Diplomatique.

51. **BADE** (Stéphanie, grande-duchesse de).
L. aut. sig. à la baronne de ...G. Manheim *s. d.* 2 p. 1/2 in-8. 3/4 de ligne coupés.
Jolie lettre d'invitation à un bal qu'elle doit donner.
BADE (Sophie, grande-duchesse de).
1° L. aut. sig. en allemand. 1846. 1 p. in-8°. Enveloppe et cachet.
2° Copie aut. d'une lettre en allemand. 1 p. in-8.

52. **BALBINUS** (Aloysius-Boleslaus), savant jésuite, auteur d'ouvrages importants sur la Bohême.
L. aut. sig. à Chr. Weisio. Prague, 7 février 1680. 3 p. in-fol. Cachet. Remplie de recherches historiques.

53. **LE MÊME.**
L. aut. sig. au même. Prague, 19 juin 1682. 1 p. pl. in-fol. Cachet.

54. **BALZAC** (Honoré de), romancier célèbre.
L. aut. sig. à l'ambassadeur ..... Paris, 17 août 1842. 2 p. 1/2 in-8.
Envoi de la Comédie humaine.

55. **BANER** (J.-Gustave), célèbre général suédois.
Pièce sig. 1636. 1/2 p. in-4.

56. **BANFFI** (Georges), premier gouverneur de Transylvanie.
1° L. sig. en latin. 1692. 1 p. in-fol. Cachet.
2° Deux L. sig. à l'empereur d'Allemagne. 1695 et 1699. 8 p. pl. in-fol. Cachets.
Belles lettres relatives aux affaires religieuses de Transylvanie.

57. **BANKS** (Joseph), naturaliste et voyageur anglais.
L. aut. sig. en anglais, au professeur Hermann. Londres, 4 septembre 1783. 3 p. pl. in-4.

58. **BARCLAY DE TOLLY** (le c^te), célèbre général russe.
L. sig. au comte ..... Chaumont, 4 mars 1814. 1 p. in-4.
Il le félicite sur un succès qu'il a eu sur l'armée française... J'Espère que dans ce moment Troyes est entre vos mains, et que vous aurez ouvert et montré par là à nos alliés un nouveau Chemin à la Gloire...

59. **BARTOLI** (Cosme), littérateur de Florence et membre de l'Académie de cette ville, auteur d'ouvrages de mathématiques, etc.
L. aut. sig. à Jean Caccini. 1563. 1/2 p. in-fol.

60. **BATHORI** (Étienne), roi de Pologne.

L. sig. avec une ligne aut. 1575. 1/2 p. in-fol. Cachet. Légèrement tachée d'humidité.

Bathori (Sigismond), prince de Transylvanie.

Pièce sig. 1596. In-fol. en travers. Cachet. Belle pièce.

61. **BAYLE** (Pierre), érudit, philosophe et métaphysicien.

L. aut. sig. 2 juin 1698. 3 p. pl. in-4°.

Belle lettre remplie de détails littéraires ainsi que sur Le Duchat qui s'occupe à commenter Rabelais.

62. **BEAUHARNAIS** (Eugène), vice-roi d'Italie.

L. aut. sig. au duc D'Otrante. Adelsberg. 2 p. in-4.

63. **BEAUHARNAIS** (Hortense), reine de Hollande.

L. aut. sig. (à la duchesse d'Abrantes). Ce 29 février 1832. 1 p. 3/4 in-8°.

Très-jolie lettre dans laquelle elle défend la mémoire de sa mère, maltraitée dans les mémoires de la duchesse.

64. **LA MÊME.**

L. aut. sig. à Mme Doumerc. 24 janvier 1835. 3/4 de p. in-8°. Cachet. Jolie lettre.

65. **BEAUMARCHAIS** (P. A. Caron de), auteur dramatique.

L. aut. sig. à M. Garik, à Londres. Paris, le 19 mars 1769. 2 p. pl. in-4°.

Il le prie de lui faire passer un exemplaire de la traduction qu'il a faite de son drame d'*Eugénie*.

66. **BEETHOVEN** (Louis van), célèbre compositeur de musique.

L. aut. sig. en allemand *s. d.* 1 p. pl. in-4°. Cachet.

67. **LE MÊME.**

Billet de 8 lignes aut. en allemand. 1/2 p. in-4°.

68. **BELLEGARDE** (Roger de), grand écuyer de France.

L. aut. sig. Paris 1644. 1 p. pl. in-fol. Cachet. Jolie lettre

69. **BELLINI** (Vincent), célèbre compositeur de musique.

Musique avec paroles aut. de son opéra *D'Adelson et Salvini*. Cahier de 6 feuillets in-4 oblong.

70. **BENKENDORFF** (J. F. A.), général et diplomate russe.

L. aut. sig. au comte Esterhazy. Saint-Pétersbourg, 14 octobre 1842. 2 p. in-4. Cachet. Jolie lettre.

71. **BENNIGSEN** (L. A. G.), célèbre général russe.

L. sig. au duc de Richelieu. Bartenstein, 21 mars 1807. 2 p. in-4.

72. **BERGHES** (H. prince de), général hollandais, défendit Mons contre l'armée française en 1691.

L. aut. sig. en français. Bruxelles 1695. 2 p. in-fol. Belle lettre.

73. **BERLICHINGEN** (Gœtz de), célèbre guerrier allemand; le poëte Gœthe en a fait le sujet d'un drame.

L. aut. sig. en allemand. 1545. 1 p. in-fol. Cachet. *Rare.*

74. **BERNADOTTE** (Ch. J.), roi de Suède.

1° L. aut. sig. au général Ernouf. Venise, an 6. 1 p. pl. in-4.
2° Pièce sig. *Carlo Johan*. Stockholm, 1840.

75. **BERRY** (Marie-Louise Élisabeth, duchesse de), fille du régent, connue par ses déportements.

Deux pièces signées. 1712-1714. 2 p. in-fol.

76. **BERRY** (Ch. Ferdinand, duc de), fils de France.

L. aut. à la comtesse de Gontaut. Paris, ce 12 septembre. 1 p. pl. in-4. Cachet. Charmante épître.

77. **BERRY** (Marie-Caroline, duchesse de), femme du précédent.

L. aut. sig. à la duchesse de Gontaut. Brandus, 8 mai 1835. 3/4 de p. gr. in-4. Cachet. Charmante épitre.

78. **LA MÊME.**

L. aut. sig. à la même. Frohsdorf, 20 novembre 1846. 1 p. 1/2 in-8.

... J'ai pensé à votre Joie de voir vos deux Elèves mariés et surtout Henry qui a une femme accomplie, bonne, gracieuse, je suis sure qu'ils seront heureux Ensemble. Dieu nous a Envoyé Therèse comme un ange consolateur... le comte Lucchesi qui est très-touché de votre souvenir vous offre ses hommages...

79. **LA MÊME.**

L. aut. sig. en italien à la même. Paris, 9 février 1821. 3/4 de p. in-8.

80. **LA MÊME.**

L. aut. sig. en anglais à la même. 1832. 1/2 p. in-8.

81. **BERTHIER** (Alex.), prince de Neufchatel, maréchal de France.

L. aut. sig. au prince de Talleyrand. Munich, 22 mars 1806. 1 p. in-4.

Il lui annonce qu'il a demandé la Croix de la Légion d'Honneur pour Louis et Edmond de Perigord.

82. **BERZELIUS** (J. J.), célèbre chimiste suédois.

L. aut. sig. en suédois. Stockholm, 15 février 1831. 2 p. pl. in-4.

83. **LE MÊME.**

L. aut. sig. en français. Stockholm, le 24 mars 1847. 1 p. in-8.

84. **BESSEL** (Fr. Guil.), astronome, directeur du Conservatoire de Kœnigsberg.

L. aut. sig. en allemand. 1837. 3/4 de p. in-8.

LITTROW (J. J.), astronome allemand.

L. aut. sig. Vienne, 1830. 3/4 de p. in-4.

85. **BESSIÈRES**, duc d'Istrie, maréchal de France.

L. aut. sig. *s. d.* 2 p. in-4.

86. **BETHLEN-GABOR** (Gabriel), prince de Transylvanie et roi de Hongrie, protecteur des lettres et des sciences.

L. sig. en allemand avec la souscription aut. à Sigismond Forgach. 1 p. in-fol. Cachet.

87. **BETHLEN-GABOR** (Et.), prince de Transylvanie.

L. sig. en latin à l'impératrice d'Allemagne. 25 octobre 1628. 2 p. in-fol. Cachet. Belle lettre.

BETHLEN (Pierre et Nicolas), chancelier et gouverneur de Transylvanie.

Deux l. sig. en latin. 1636 et 1696. 3 p. in-fol.

88. **BÈZE** (Théodore de), célèbre reformateur.

Pièce aut. 2 p. in-4.

Questions soumises à Théodore de Bèze sur le fait de la Religion réformée, et sur le point de savoir si on doit recevoir la Confession d'Augsbourg mêlée avec l'accord de Luther et Bucer, la Confession de Wittemberg et les ordonnances Ecclesiastiques où le Baptême de la femme est approuvé, les Zwingliens condamnés et mis au rang des anabaptistes... il fait en substance les réponses suivantes... Evitez toute Emeute et sédition en paroles et en faicts, et protestez envers qui il appartient des causes qui vous empeschent de vous trouver aux presches des faux prophètes, perseverez à maintenir la vraye religion en laquelle vous avez esté enseignés... contentez-vous de la lecture des prières domestiques, mais appaisez le Seigneur par ces ardentes prières et bon ordre establi aux familles et en général par vraye conversion au Seigneur... J'estime que pouvez advouer la Confession d'Augsbourg, y adjoustant ceste clause bien entendue, c'est-à-dire comme Melanchton mesme l'a exposée et de nouveau l'Eglise de Wittemberg en son Catéschisme...

89. **BIELKE** (Sten et Thuro), le premier amiral et le second général et ambassadeur suédois.

Deux l. sig. 1640 et 1682. 1 p. 1/2 in-fol.

90. **BLASPEL** (Guil., baron de), ambassadeur de l'électeur de Brandebourg.

1° L. aut. sig. en français. Aix-la-Chapelle, 5 juin 1680. 3 p. in-fol. Détails politiques.

2° Mémoire sig. *s. d.* 2 p. 1/2 in-fol. Pièce diplomatique.

91. **BLUCHER** (Gebhard-Lebrecht de), prince de Wahlstatt, général en chef de l'armée prussienne.

L. aut. sig. en allemand au lieutenant Knoll. 1819. 1 p. 1/2 in-4. Cachet. *Rare.*

92. **LE MÊME.**

L. sig. en allemand à une princesse royale. Namur, 5 juin 1815. 3 p. pl. in-4.

Belle lettre relative à un Engagement avec les Saxons, ses soldats étaient tellement animés qu'ils voulaient tous les massacrer, il parle des partisans de la Vendée qui sont à bout de ressources, et il déplore l'État d'inaction dans lequel se trouve les alliés parce qu'il est certain que Napoléon n'est pas en État de se soutenir contre eux...

93. **BLUMAUER** (Aloyse), poëte satyrique et burlesque allemand.

1° L. sig. en allemand. 1 p. in-4.

2° Lettre et fragment aut. 2 p. in-8.

94. **BODMER** (J. J.), poëte et auteur dramatique allemand.

Inscription grecque aut. sig. 6 novembre 1779. 3 lignes in-4. Pièce d'album.

Burger (G. Aug.), poëte allemand.

L. aut. sig. *G. A. B.* en allemand. 1765. 1 p. 1/2 in-fol. Cachet.

95. **BOETTIGER** (Ch. Aug.), célèbre archéologue allemand.

1° L. aut. sig. en allemand *s. d.* 3 p. 3/4 in-8. 2° Lettre avec inscription aut. sig. en allemand. Dresde, 1827. 1 p. in-8.

96. **BOISSY** (le marquis de), pair de France, connu par ses excentricités et sa haine contre la famille d'Orléans.

L. aut. sig. Paris, 7 avril 1848. 3 p. pl. in-4.

Curieuse épître contenant une sortie violente contre la famille d'Orléans... les D'Orléans, race infâme, race calamiteuse pour la France, race maudite et portant avec elle la malédiction comme la peste est la peste et engendre la Peste... Toute la lettre est empreinte de la même modération.

97. **BOLINGBROKE** (H. St-Jean, vte de), ministre anglais.

L. aut. sig. en français. 5 mars 1712. 2 p. pl. in-4.

98. **BOLIVAR** (Simon), premier président de la république de Colombie.

L. sig. en espagnol à l'abbé de Pradt. 1828. 1 p. in-4.

99. **BONAPARTE** (Letitia), mère de Napoléon.

L. sig. *V^a aff^sa mère* à Mlle Lolotte Bonaparte. 1 p. in-8.

100. **BONAPARTE** (Joseph), roi d'Espagne.

L. aut. sig. à Napoléon. Naples, 20 novembre 1806. 3/4 de p. in-fol.

101. **LE MÊME.**

L. aut. sig. Pointe Brege. 1832. 1 p. in-4.

Bonaparte (Jérôme), roi de Westphalie.
Billet aut. sig. à sa nièce. Florence. 1 p. petit in-4.

102. **BONAPARTE** (Louis), roi de Hollande.
L. aut. sig. à Charles Nodier. Goritz, 26 mai 1813. 3/4 de p. in-4. Jolie épitre.

103. **BONAPARTE** (Élisa), princesse de Lucques et de Piombino.
L. aut. sig. au prince de Talleyrand. Aix, 19 avril 1814. 1 p. 1/2 in-4.
Très-curieuse lettre dans laquelle elle lui recommande ses intérêts et lui envoie les lettres qu'elle a écrites à l'empereur Alexandre et au prince de Metternich.

104. **BONAPARTE** (Caroline), reine de Naples.
L. aut. sig. au prince de Talleyrand. 1813. 2 p. in-4.
Très-belle lettre dans laquelle elle exprime les chagrins que lui cause la disgrâce de son mari.

105. **BOSSUET** (Jacques-Bénigne), célèbre évêque de Meaux.
L. aut. sig. à Mme D'Albert de Luines. Paris, 31 janvier 1696. 3 p. pl. in-4.
Très-belle lettre de conseils religieux.

106. **BOUILLON** (Em^el^ de Latour d'Auvergne, cardinal de), grand aumônier de France, ambassadeur.
1° L. aut. sig. au prince de Turenne. 1687. 1 p. pl. in-4.
2° L. aut. sig. 1687. 5 p. in-4. Légèrement brûlée dans le bas.

107. **BOURBON** (Charles-Louis de), prince de Lucques.
L. aut. sig. en italien. Casa, 14 décembre 1823. 4 p. pl. in-4.
Marie-Thérèse, femme du précédent.
L. aut. sig. en italien. Lucques 1824. 1 p. in-4. Cachet.

108. **BOURBON** (M.-Louise-Antoinette de), reine d'Étrurie, puis duchesse de Parme, fille de Charles IV.
L. aut. sig. au duc de Rohan. Paris, 17 mai 1825. 1 p. pl. in-4. Très-jolie lettre.

109. **BOURGOGNE** (Louis-Dauphin, duc de), petit-fils de Louis XIV.
L. aut. sig. au camp de Braine, le 17 juin 1708. 1 p. in-4.

110. **BRAHE** (Pierre, c^te^ de), sénateur et grand sénéchal de Suède, grand amateur de livres.
L. sig. en allemand. 1678. 1/2 p. in-fol.
Brahé (la comtesse Ebba de), femme célèbre par sa beauté, fut sur le point d'épouser Gustave-Adolphe.
Pièce sig. 1669. 1 p. in-fol.

111. **BRANDEBOURG** (margraves de). Neuf lettres.
Georges II dit *le Débonnaire*, l. sig. 1538. 1 p. in-fol. Cachet. — Jean Albert, mémoire aut. sig. 1527. 5 p. in-fol. — Albert, mémoire aut. sig. 1527. 5 p. in-fol. — Christian Guillaume, l. sig. 1628. 1 p. 1/2 in-fol. Cachet. — Jean Sigismond, l. sig. 1611. 1 p. in-fol. Cachet. — Georges Guillaume, l. sig. 1630. 1 p. in-fol. — Joachim Ernest, l. sig. 1621. 2 p. in-fol. Cachet. — Frédéric Guillaume, 2 l. sig. 1659 et 1681. 2 p. in-fol. Cachet.

112. **BRILLAT SAVARIN** (Anthelme), spirituel auteur de la *Physiologie du goût*.
L. aut. sig. au cit. Scherer. An 6. 3/4 de p. in-fol.

113. **BRUNOW** (le c^te^ de), célèbre diplomate russe, signataire du traité de paix de 1856.

1° L. aut. sig. en français. Saint-Pétersbourg, 1835. 4 p. in-8°. Jolie lettre.

2° L. aut. en français. Saint-Pétersbourg. 1839. 3 p. in-8.

114. **BRUNSWICK WOLFEMBUTEL** (Aug., duc de), prince savant.

Pièce aut. de 7 lignes. 27 mai 1598. 1/2 p. in-4.

Brunswick Lunebourg (Ferd.), feldmaréchal, mort en 1792.

L. sig. 1765. 1 p. in-fol.

115. **BUFFON** (le c^te de), célèbre naturaliste, de l'Acad. fr.

L. aut. sig. à M. Cramer, du jardin du roi. Le 4 janvier 1750. 2 p. pl. in-4. Cachet.

Envoi des trois premiers volumes de son ouvrage.

116. **BURKE** (Edmond), célèbre publiciste et orateur anglais.

L. aut. sig. en anglais. Janvier, 1764. 3 p. in-4.

Curieuse lettre relative à la faction des Jacobins en Irlande.

117. **BYRON** (G. N. Gordon, lord), célèbre poëte anglais.

L. aut. sig. *B.* avec paraphe en anglais. 1814. 1 p. in-8.

118. **CABRERA** (don Ramon), comte de Morella, célèbre général espagnol.

L. aut. sig. en espagnol. 1 p. 1/2. Enveloppe et cachet.

119. **CAMBACÉRÈS** (J. B. de), conventionnel, ministre, duc de Parme, archi-chancelier de l'empire.

L. aut. sig. à M. de Carrière. Paris, 2 septembre 1786. 1 p. 1/2 in-4. Jolie lettre, *rare*.

Il lui annonce que M. Dupaty, président à Mortier au parlement de Bordeaux, a été décrété d'ajournement personnel, à cause d'un curieux mémoire qu'il avait répandu en faveur des trois roués condamnés par le parlement de Paris; il a subi hier son interrogatoire, et le parlement a décidé qu'il comparaîtrait en robe d'avocat et non en simarre de président...

120. **CANNING** (Georges), célèbre ministre anglais.

1° L. aut. sig. en anglais. 1826. 4 p. pl. in-18.

2° L. aut. à la 3e personne. 1827. 2 p. pl. in-8.

121. **CANOVA** (Antoine), célèbre sculpteur italien.

L. aut. sig. en italien. Vienne, 31 août 1805. 1 p. pl. in-4.

122. **CARACCIOLI** (Jean), prince de Melphes, maréchal de France.

L. aut. sig. à Jean Landolphius. 1486. 1 p. in-4. Trace de cachet. Belle et rare lettre.

123. **CARDINAUX.** Sept lettres.

Aguirre (J. D'). Rome, 8 octobre 1697. 1 p. 1/2 in-4. — Caret, L. aut. sig. en italien au connétable de Montmorency. Rome, 1539. 1 p. in-fol. Cachet. Belle lettre. — Clesel, belle lettre sig. 1612. 6 p. in-fol. — Collatto (Rambold XIII), L. sig. à l'empereur d'Allemagne en latin. 1621. 1 p. in-fol. Cachets. — Ferdinand, infant d'Espagne, L. sig. 1639. 1 p. in-fol. Cachet. — Lamberg (J. Ph.), L. sig. 1680. 1 p. in-fol. — Lambruschini, L. aut. sig. en italien. 1834. 1 p. in-4.

124. **CARDINAUX.** 15 lettres.

Forgach (François IV), 2 L. sig. avec la souscription aut. en latin. 1600. 2 p. 1/2 in-fol. Cachets. — Gœss (J. B.), 1° L. aut. sig. en hongrois. 1664. 8 p. in-4. 2° L. aut. sig. 1678. 1 p. in-fol. et 2 L. sig. 3 p. in-fol. — Harrach (E. Albert), 1° L. aut. sig. 1663. 1 p. in-fol. 2° Deux L. sig. 2 p. in-fol. — Hesse-Darmstadt (Frédéric de), 3 L. sig. de 1666 à 1680. 3 p. in-4. — Léopold, cardinal, archev. de Cologne. 1676-1691. 5 p. in-fol. avec une gravure représentant un acte de dévouement.

125. **CARDINAUX.** Sept lettres sig.
Albani, 1811. — Bathany, 1776. — Bernis — Dubois, 1722. — Durazzo, 1690. — Pio, 1677. — Savelli, l. aut. sig. 1666.

126. **CARLOS** (don), infant d'Espagne.
L. aut. sig. à Elio. Bourges, 11 octobre 1833. 1/2 p. in-8.
Il se plaint d'avoir été trahi par l'infâme Maroto, ce qui l'a obligé de se réfugier en France et de souffrir, ainsi que ses compagnons, toutes sortes de vexations.

127. **CARNOT** (L. N. M.), conventionnel et ministre.
L. aut. sig. Paris, 22 août 1814. 3/4 de p. in-4.
Il promet d'appuyer une demande de la Croix de Saint-Louis.

128. **CAROLINE D'AUTRICHE**, reine de Naples, femme de Ferdinand IV, connue par la haine qu'elle portait aux Français.
L. aut. sig. en français. 3/4 de p. in-8.

129. **LA MÊME.**
L. sig. avec 4 lignes aut. en italien. 1812. 1 p. in-4.

130 **CASTANOS** (D. F^cis^ Xavier de), duc de Baylen.
1° L. sig. en espagnol avec 4 lignes aut. Madrid 25 juin 1828. 1 p. 3/4 in-4. 2° L. aut. en espagnol. Madrid, 1827. 1 p. 1/2 in-4.

131. **LE MÊME.**
L. aut. sig. en espagnol au comte Estarhazy. 22 août 1830. 1/2 p. in-fol. Ecrite sur papier aux armes et titres de Castanos.

131 *bis*. **CASTELREAGH** (Robert-Stewart, v^te^), marquis de Londonderry, diplomate anglais, ministre d'État.
L. aut. sig. en anglais à la duchesse de Lieven. 2 p. in-8.

132 **CATHERINE DE FOIX**, reine de Navarre, épouse de Jean, sire d'Albret.
L. aut. sig. en espagnol à son fils *s. d.* 1 p. in-4. *Rare.*

133. **CATHERINE DE MÉDICIS**, reine et régente de France.
L. sig. sur papier, à l'évêque de Limoges. Paris, 25 mars 1565. 1/2 p. in-fol.

134. **CATHERINE II**, impératrice de Russie.
L. sig. en russe avec traduction latine à l'empereur d'Autriche. 1776. 1 p. in-fol.

135. **CAUMONT LA FORCE** (J. N., duc de), maréchal de France.
L. aut. sig. au cardinal de Richelieu. 21 octobre 1635. 2 p. pl. in-fol. Cachets. Belle lettre.

136. **CAVAIGNAC** (Eugène), général, chef du pouvoir exécutif en 1848.
L. aut. sig. à la duchesse ..... *s. d.* 3 p. pl. in-8.

137. **CEVALLOS** (don Pedro), ministre espagnol.
L. aut. sig. en espagnol au comte de Fernand Nunez. 1815. 1 p. in-4. Jolie lettre.

138. **CHABOT** (Philippe), amiral, ministre, général d'armée.
Quittance signée sur velin. 26 avril 1536. In-fol. en travers. Cachet.

139. **CHAMPIONNET** (J. E.), général en chef.
L. aut. sig. au général Kléber. An 4. 2 p. in-4.

140. **CHARLES Ier**, roi d'Angleterre, décapité en 1649.
L. aut. sig. à (Anne d'Autriche) Newcastell. 9 janvier 1646. 1 p. in-fol. Jolie lettre, *rare*.

141. **LE MÊME.**

Pièce sig. sur papier. 1628. 1/2 p. in-fol.

142. **CHARLES II**, roi d'Angleterre.

L. sig. en anglais. 1674. 1 p. 1/2 in-fol.

143. **CHARLES-QUINT**, roi d'Espagne, empereur.

L. sig. à F^ois^ Sforce, duc de Milan. 7 août 1530. 1 p. in-4 en travers. Cachet.

144. **LE MÊME.**

L. sig. au lieutenant-général de Metz. 1545. 1/2 p. in-fol.

Relative à la mort du duc de Lorraine.

145. **CHARLES II**, roi d'Espagne.

L. sig. avec la souscription aut. au roi d'Angleterre. Madrid, 6 août 1696. 2 p. 1/2 in-fol. Cachet. Un peu tachée d'humidité.

Marie-Anna, reine d'Espagne, femme du précédent.

L. aut. sig. en français. Bayonne, 1719. 3/4 de p. in-4.

146. **CHARLES III**, roi d'Espagne.

L. aut. sig. au comte de Florida Blanca, en espagnol. 23 juillet 1786. 1 p. pl. in-4.

147. **CHARLES IX**, roi de France.

L. sig. avec la souscription aut. à son frère le duc D'Anjou. Paris, 11 février 1573. 2 p. in-fol. Trace de cachet.

Il apprend avec plaisir qu'il prepare une grande et forte armée de mer, pour combattre ceux qui s'ingéreront de donner secours aux Rochelois.

148. **CHARLES X**, roi de France.

L. aut. sig. *C.* à Mme la duchesse de Gontaut. Compiègne, 13 octobre 1825. 3/4 de p. in-4. Cachet. Jolie lettre.

149. **LE MÊME.**

L. aut. à la même. 1 p. in-8. Cachet.

150. **LE MÊME.**

L. aut. au baron Flaxman. Bruxelles, 2 juillet 1791. 3 p. 1/2 in-4 avec 4 lignes aut. de *Louis XVIII* dans l'intérieur.

Dans cette belle et importante lettre, il lui fait le tableau de leur position, et l'engage instamment à décider l'Empereur en leur faveur... il nous est si bien prouvé que le succès de toutes nos opérations dépend des dispositions de l'Angleterre, que nous nous sommes décidés à y envoyer Calonne et je vous confierai en même temps sous le secret, que peut être J'irai moi-même... les lignes écrites par Louis XVIII sont une approbation de tout ce qui est contenu dans la lettre.

151. **LE MÊME.**

L. sig. avec la souscription aut. à l'empereur d'Autriche. Versailles, 6 janvier 1783. 1 p. in-4. Cachets et soies.

Annonce de l'accouchement de sa femme.

152. **CHARLES IX**, roi de Suède, dit *le Grand*.

L. sig. 16 mars 1593. 1/2 p. in-fol. Cachet.

Christine de Holstein, femme du précédent, mère de Gustave-Adolphe.

L. sig. 26 avril 1615. 1 p. 1/2 in-fol. Cachet.

153. **CHARLES X**, roi de Suède.

L. aut. sig. en suédois, au baron Oxenstiern. Prague, 20 février 1648. 3 p. in-4. Cachet.

Hedewig-Eléonore, femme du précédent.

L. sig. en suédois. 22 mars 1664. 3 p. in-fol.

154. **LE MÊME.**

L. sig. en allemand, avec un *postscriptum* de 23 lignes, à Gustave Otto Steinbock. 1626. 2 p. in-fol.

155. **CHARLES XI**, roi de Suède.
Billet de 2 lignes aut. sig. *s. l. n. d.*, in-8 en travers.

156. **CHARLES XII**, roi de Suède.
L. aut. sig. en allemand. Carlberg, le 4 juillet 1698. 1/2 p. in-4. Cachet et soies. *Très-rare.*

157. **LE MÊME.**
L. sig. Stockholm, 30 février 1712. 3 p. 1/2 in-4.

158. **LE MÊME.**
L. sig. à Léopold, duc de Lorraine. 16 septembre 1699. 1 p. 1/2 in-fol. Cachet. Belle lettre.

159. **CHARLES VI**, empereur d'Allemagne.
L. sig. en allemand. 3 décembre 1711. 3/4 de p. in-fol. Cachet.
ÉLISABETH-CHRISTINE, femme du précédent.
L. aut. sig. en français. Vienne 1730. 3/4 de p. in-4.

160. **CHARLES VII**, empereur d'Allemagne.
L. sig. en allemand. 26 janvier 1742. 2 p. in-fol. Cachet.

161. **CHARLES IV**, duc de Lorraine.
1° L. aut. sig. à M. Duplessis, gouverneur de la ville de Dieuze. Lunéville, 3 août 1663. 1 p. in-4. Cachets et soies. Jolie lettre.
2° Pièce sig. Nancy 1673. 2 p. in-fol.

162. **CHARLES V**, duc de Lorraine, comte de Vaudemont, célèbre général, vainqueur à Philisbourg.
L. aut. sig. à Son Excellence. Ens, 1er mai 1685. 2 p. pl. in-4. Jolie lettre militaire.

163. **CHARLES D'AUTRICHE**, dit *le prince Charles*, célèbre général autrichien, frère de l'empereur François II.
L. aut. sig. en français. Mayence, 13 mai 1796. 3/4 de p. in-4. *Rare.*

164. **CHARLOTTE D'ANGLETERRE**, fille de Georges IV, première femme de Léopold Ier, roi des Belges.
L. aut. sig. en anglais, au comte de Lieven (1817). 1 p. pl. in-4. Cachet.

165. **CHAROLAIS** (Ch. de Bourbon-Condé, cte de), gouverneur de Touraine, connu par son caractère dur et cruel.
L. aut. sig. Marli, 11 mai 1711. 3/4 de p. in-4.

166. **CHASTELLET** (G. E. Le Tonnelier de Breteuil, mise du), amie de Voltaire.
L. aut. sig. Cirey, 28 avril 1739. 3 p. pl. in-4.
Charmante épître où il est question de Voltaire.

167. **CHATEAUBRIAND** (le vte de), de l'Académie française.
L. aut. sig. au duc de Montmorency-Laval. Paris, 31 août 1829. 3 p. 3/4 in-4.
Il lui annonce qu'il a donné sa démission de l'ambassade de Rome.

168. **LE MÊME.**
L. aut. sig. à Mad. la comtesse. Paris, 16 juillet 1819. 2 p. in-4.
Il lui fait part des on dit en politique.

169. **LE MÊME.**
L. aut. sig. au comte de Lutzow. Rome, 4 avril 1829. 2 p. 1/2 in-8.

170. **CHESTERFIELD** (Ph. comte de), homme d'État, orateur et l'un des bons écrivains de l'Angleterre.

L. aut. sig. en français. Londres, 24 novembre 1755. 2 p. pl. in-4.

Très-jolie lettre dans laquelle il se plaint de ne pouvoir plus jouir des douceurs de la vie à cause de sa surdité.

171. **LE MÊME.**

L. aut. sig. en anglais. Écrite à la troisième personne. 1757. 1/2 p. in-4.

172. **CHRISTIAN VI**, roi de Danemark.

L. sig. avec la souscription aut. 11 janvier 1742. 1 p. in-fol. Cachet. Belle lettre.

173. **CHRISTIAN VII**, roi de Danemark.

L. sig. avec la souscription aut. à l'impératrice Marie-Thérèse. 1774. 1 p. 1/2 in-fol. Cachet. Belle lettre.

174. **CHRISTINE ALEXANDRE**, reine de Suède.

L. sig. à M. de Rosembac. Hambourg, 14 septembre 1668. 3/4 de p. in-4.

175. **LA MÊME.**

Pièce sig. Hambourg, 1661. 1 p. in-fol. Cachet.

176. **CICOGNARA** (Léopold, c^te^ de), littérateur et antiquaire.

L. aut. sig. en italien. Venise, 18 mars 1816. 1 p. pl. gr. in-4.

Jolie lettre d'envoi du second volume de son *Histoire de la sculpture en Italie.*

177. **CINQ-MARS** (H. de Ruzé d'Effiat de), favori de Louis XIII, grand écuyer, décapité à Lyon le 12 septembre 1642.

L. aut. sig. 12 mars 1642. 1 p. in-4. *Rare.*

178. **CLARA ROMANA**, célèbre courtisane italienne.

L. aut. sig. à l'empereur Charles-Quint. 12 août 1525. 1 p. pl. in-fol. Cachet. Très-belle lettre.

Elle l'engage à venir à Rome pour se faire sacrer empereur des Romains et lui donne l'assurance qu'il trouvera le peuple bien disposé à le recevoir.

179. **CLAUSEL** (Bertrand), maréchal de France.

L. aut. sig. Nouvelle-Orléans, 17 mars 1820. 2 p. in-4.

Il annonce qu'il va partir pour rentrer en France et se présenter devant le conseil de guerre qui doit le juger... Je ne voudrais pas qu'à mon arrivée on jugeât nécessaire de tuer encore quelqu'un et que je fusse là exprès pour obtenir la préférence ; j'espère que pour l'intérêt de tous on pensera qu'il est mieux de ne tuer personne...

180. **CLÉMENT VII**, pape.

L. sig. en italien à Paul Victorio. Florence, 28 août 1521. 1/2 p. in-fol. Cachet.

181. **CLÉMENT IX**, pape.

L. sig. 1665. 1 p. 1/2 in-fol. Tachée d'humidité.

182. **COBENTZEL** (Charles, c^te^ de), ministre autrichien.

Trois l. sig. au comte de Rosenberg. 1763 et 1764. 3 p. 1/2 in-fol. et in-4.

COBENTZEL (Louis, c^te^ de), fils du précédent, célèbre diplomate autrichien.

L. sig. au comte de Kaunitz. Pétersbourg, 17 juillet 1781. 4 p. in-4. Jolie lettre.

183. **COBENTZEL** (Louis, c^te^ de), célèbre diplomate autrichien.

L. aut. sig. au comte de Kaunitz. Pétersbourg, 22 décembre. 1 p. pl. in-4. Détails diplomatiques.

184. LE MÊME.

L. aut. sig. *Cobenz*, au même. Pétersbourg, 9 octobre. 2 p. 1/2 in-4.

Relative aux préliminaires du traité d'alliance de l'Autriche avec l'Angleterre et la Russie.

185. LE MÊME.

1° L. sig. avec la souscription aut. au même. Pétersbourg, 1783. 6 p. in-4. Relative au même sujet.

2° Trois l. sig. au même. 1780 et 81. 18 p. in-4.

Curieux détails sur la cour de Russie.

186. LE MÊME.

1° L. aut. au même. Pétersbourg, 3 mai .... 4 p. 1/2 in-4.

Relative au même sujet que la précédente.

2° L. sig. au même. St-Pétersbourg, 31 août 1784. 5 p. in-4.

187. COBENTZEL (Philippe, c^{te} de), ambassadeur.

L. sig. en allemand au chevalier de Lebzeltern. Vienne, 4 juin 1793. 1 p. in-fol.

Envoi de l'ordre officiel pour la prise de deuil au sujet de la mort de Louis XVI, un billet de deuil est joint à la lettre.

188. COLLIN (Mathieu de), poëte, critique et auteur dramatique allemand.

Pièce de vers, aut. sig. en tête. 2 p. 1/2 in-4.

189. COLONNA (Prosper), l'un des plus grands généraux dont l'Italie s'honore.

L. sig. au roi Charles-Quint. 17 novembre 1522. 1 p. in-fol. Cachet. Belle lettre.

190. CONDÉ (Louis Ier de Bourbon, prince de), chef du parti calviniste, tué à Jarnac par Montesquiou.

Lettre à Catherine de Médicis, terminée par dix grandes lignes, aut. sig. Orléans, 19 avril 1562. 2 p. pl. in-fol. Trace de cachet. Superbe lettre historique.

Il demande à la reine dans les termes les plus énergiques de faire faire sévère et prompte justice du massacre exécuté à Sens sur les protestants (Voy. de Thou, trad. fr., t. IV, p. 182). Cette lettre importante est terminée par le post-scriptum suivant en entier de la main de Condé... Madame, la connesance que j'e de vostre bon naturel me donne assurance que sy estes an Lyberté, comme il plaist à vostre majesté nous faire antandre, que ne léserés yupunny le fait sy hunmmain quy s'ait esséqute à Sans. Vous asurrant, Madame, qu'yl est besoin d'an faire une bonne Jeustysse pour faire connoistre à tous voz seuges que se n'et pas vostre vouslonté, mes campt (qu'en) n'estes très fachée, et pour sela que leur faires connestre la faulte qu'yl ont faict de Jurnelemant tue voz seuges et rompre vos Esdis pour satifaire à leur pasion tropt dommageable pour se reomme (royaume) au regar de l'importance c'aporte après soy telle essemple...

191. CONDÉ (Louis II, prince de), dit *le Grand*.

L. aut. sig. à son secrétaire Caillet. Dijon, 24 avril 1650. 1 p. pl. in-4.

192. LE MÊME.

L. sig. avec la souscription aut. à la duchesse de Saint-Simon. Chantilly, 26 mars 1666. 1 p. in-4.

Relative à la mort de son frère.

193. CONDÉ (Louise-Françoise de Bourbon), Mlle *de Nantes*, fille légitimée de Louis XIV et de Mad. de Montespan.

L. aut. sig. à M. Hérault. 1731. 1 p. pl. in-4.

194. CONDÉ (Alexandrine de Bourbon) dite Mlle *de Sens*, petite-fille de Louis XIV.

L. aut. sig. à M. Marcilly de Thianges. 1734. 1 p. pl. in-8.

195. **CONSALVI** (Hercule), cardinal et ministre de Pie VII.
1° L. aut. sig. en français. 1er décembre 1813. 1 p. in-4.
2° L. aut. sig. en italien. 1 p. in-4.
PRADT (D. de), archevêque de Malines et écrivain.
L. aut. sig. 1832. 1 p. 1/2 in-4.
FESCH (Jh), cardinal archevêque de Lyon.
L. sig. à sa nièce. Rome, 1837. 1 p. in-8.

196. **CONSTANTIN PAWLOWITSCH** (le grand-duc), frère de l'empereur Alexandre.
L. aut. sig. en français au général Benkendorff. 1828. 1/2 p. in 4. Enveloppe et cachet.

197. **CONTI** (A. de Bourbon-Condé, prince de), frère du grand Condé.
L. aut. sig. au cardinal Mazarin. 16 mars 1655. 3 p. in-4. Cachets. Belle lettre.

198. **CONTI** (Marie-Anne de Bourbon, princesse de), fille de Louis XIV et de Mad. de la Vallière; célèbre par sa beauté.
L. aut. sig. au cardinal de Fleury. Paris, 12 juin 1732. 1 p. pl. in 4. Cachet.

199. **CORDOUE** (Fernand-Gonsalve de), surnommé *le grand Capitaine.*
L. aut. sig. en espagnol au Roi catholique. 17 avril (1506). 1 p. pl. in-fol. Cachet *rare et belle pièce.*

200. **CORDOUE** (Gonzalès de), célèbre général espagnol.
L. aut. sig. en espagnol. 7 août 1620. 2 p. in-fol.

201. **COSME III DE MÉDICIS**, grand-duc de Toscane.
2 L. sig. 1680 et 1693. 2 p. in-fol. Cachet.

202. **CREVECOEUR** (Philippe de), maréchal de France.
Jolie pièce sig. sur velin. 1468. in-4. en travers.

203. **CZERNITSCHEFF** (le prince), général et ministre russe.
L. aut. sig. en français. 14 septembre 1833. 3 p. 1/2 in-4. Très-belle lettre relative au voyage de l'empereur de Russie.

204. **DAUBENTON** (Guil.), jésuite, confesseur de Philippe V.
L. aut. sig. à Fénelon. Rome, 3 avril 1714. 2 p. in-8.

205. **DÉPUTÉS.** Six lettres aut. sig.
BIGNON. 1/2 p. in-8. — CONSTANT (B). 1/2 p. in-8. — CORMENIN. 1 p. in-18. — LEBRUN. Consul. 1 p. 1/2 in-4. — MONTLOSIER. 1 p. 1/2 in-4, et SAUZET. 1 p. in-8.

206. **DIDEROT** (Denis), écrivain philosophe.
1° L. aut. à M. Girbel. 1 p. in-4.
2° Billet de deux lignes aut. sig.

207. **DIPLOMATES RUSSES.** Trois lettres.
CANCRIN. L. sig. au comte Benkendorff. 1835. 1 p. 1/2 in-4. — KISSELEFF (le comte de). L. aut. sig. au comte Benkendorff. 1 p. pl. in-4. Cachet, relatif à la position des Russes à Schoumala. — ROMANZOFF (M. Paul comte de). Billet de 6 lignes. aut. 1/2 p. in-4.

208. **DUBARRY** (la comtesse), célèbre maîtresse de Louis XV.
Billet de 5 lignes aut. sig. Louveciennes, ce 11 août 1785. in-8. en travers.

209. **DUCS ET PAIRS DE FRANCE.**
Requête au roi Louis XIV sur une question de préséance; ils demandent à avoir le pas sur les présidents à Mortier, et

supplient Sa Majesté de sanctionner cela par un règlement authentique. Cette requête qui est sans date et a 2 p. 1/2 in-fol., porte les signatures suivantes : d'Uzès, d'Elbeuf, de Sully, de Luynes, de Lesdiguières, de Brissac, de Richelieu, de Saint-Simon, de Grammont, de Villeroy, de Mortemart, de Créquy, de Saint-Aignan, de Foix, de Mesmes, de Noailles et de Coislin.

210. **DUMOURIEZ** (Cl. F^ois^), général en chef et ministre.

L. aut. sig. au duc de Montmorency. 1er mars 1817. 1 p. pl. in-4. Cachet.

Il demande des nouvelles de Paris, et le prie de présenter ses respects les plus tendres aux princesses de la famille royale.

211. **LE MÊME.**

1° L. aut. sig. *D.* à M. Jacobi. Altona 1803. 3/4 de p. in-4. Toute philosophique.

2° L. sig. 2 fois au citoyen Camus. Liège, 12 décembre 1792. 2 p. 1/2 in-4.

212. **EBERT** (J. Arnold), littérateur et poëte allemand.

L. aut. sig. 6 août 1785. 1 p. 1/2 in-4.

213. **EGMONT** (Lamoral, cte d'), général de Philippe II, décapité à Bruxelles en 1598.

L. aut. sig. en français à Son Altesse Sérénissime. Francfort, ce 4 octobre. 1 p. pl. in-fol.

Egmont (Marguerite d'), sœur du précédent, femme du comte de Vaudemont.

Pièce sig. 1613. 1 p. in-4°.

214. **ÉLÉONORE-MARIE**, reine de Pologne.

L. aut. sig. en polonais. 1672. 1 p. 1/2 in-fol.

215. **LA MÊME.**

Deux l. sig. en allemand. 1693 et 1696. 2 p. in-fol. Cachet.

216. **ÉLISABETH**, reine d'Angleterre, fille de Henri VIII et d'Anne Boleyn.

L. sig. au roi de France, avec la souscription aut. Gronowich, le 29 mai 1568. In-fol. Cachet bien conservé. Superbe lettre.

Elle le félicite d'avoir appaisé les troubles survenus dans son royaume... Prions Dieu le seul autheure de paix et concorde vouloir tellement confirmer et corroborer ceste pacification que nulle malice par cy après la puisse mouvoire...

217. **ÉLISABETH DE BOHÊME**, reine d'Angleterre, fille de Jacques Ier.

L. sig. avec la souscription aut. en français au duc de Lorraine. La Haye, 4 septembre 1624. 3/4 de p. in-fol. Cachet.

Relative à la mort du duc de Lorraine.

218. **ÉLISABETH** (Mad.), sœur de Louis XVI, décapitée en 1794.

L. aut. sig. à son oncle le comte de Lusace. 1782. 3/4 de p. in-4. Cachet.

Condoléances sur la mort de la princesse Christine de Saxe.

219. **ENGEL** (J. J.), littérateur et auteur dramatique allemand, directeur du théâtre de Berlin.

L. aut. sig. en allemand. 28 août 1773. 1 p. pl. in-4.

220. **ERASME** (Didier), savant illustre, né à Rotterdam en 1467.

L. aut. sig. en latin à Antoine Foggero. Fribourg, 22 août. 1 p. in-fol. Cachet. Superbe lettre.

221. **ESPARTERO** (don Baldomero), duc de la Victoire.
L. aut. sig. à son ami Bazcastigui. Logrono, 11 juillet 1850. 1 p. in-4 avec le cachet à ses armes.
Une personne ayant désiré son autographe, il envoie la sus-dite, revêtue du sceau de ses armes.

222. **ESTE** (Alphonse Ier d'), duc de Ferrare et de Modène, mari de Lucrèce Borgia. L'Arioste fut son panégyriste.
L. sig. avec la souscription aut. en italien au cardinal de Trente. Ferrare, 22 mars 1532. 1 p. in-fol. Cachet. Belle lettre.

223. **ESTERHAZY** (Daniel Ier), baron de Galantha, prince de Transylvanie.
1° L. aut. sig. à l'empereur d'Allemagne. 1644. 2 p. in-fol. Cachet. 2° L. aut. sig. au même. 8 octobre 1641. 4 p. in-fol. Portrait.

224. **ESTERHAZY** (Nicolas II), prince palatin de Hongrie.
1° L. aut. sig. en hongrois. 1634. 8 p. pl. in-fol.
2° L. sig. en latin à l'empereur d'allemagne. De 1627 à 1635. 4 p. in fol. Cachet. Portrait.

225. **ESTERHAZY** (Emeric IV), évêque d'Agram, prince primat de Hongrie.
L. sig. avec la souscription aut. *s. d.* 2 p. in-fol.
ESTERHAZY (Paul IV), prince palatin de Hongrie.
Cinq l. sig. 1667 et 1681. 5 p. in-fol. *Portrait.*

226. **ESTERHAZY** (Antoine), comte de Galantha, chambellan et colonel des mécontents de Hongrie.
Deux l. sig. 1708. 2 p. in-fol. Cachet.

227. **ESTERHAZY** (Joseph), comte de Galantha, ban de Croatie.
L. sig. 1725. 2 p. in-4. Enveloppe et cachet.
ESTERHAZY (Fois), feldmaréchal hongrois.
L. sig. 1716. 2 p. in-4. Enveloppe et cachet.
ESTERHAZY (Fois cte), chancelier et ban de Croatie.
Deux l. sig. en latin. 1783. 2 p. in-fol.
ESTERHAZY (Nas Jh), ban de Croatie.
L. sig. 20 novembre 1762. 2 p. in-fol.
ESTERHAZY (Agnèse et Ursule).
Deux l. sig. 1680. 2 p. in-fol. Cachet.

228. **ESTERHAZY** (Paul-Antoine), ambassadeur d'Autriche.
1° L. aut. sig. 1 p. in-4. 2° L. aut. Londres. 13 p. in-4. Détails politiques intéressants.

229. **ESTRÉES** (Jean, cte d'), amiral et maréchal de France.
L. aut. sig. La Rochelle, 10 octobre 1693. 3 p. pl. in-4°.

230. **ESTRÉES** (F. Annibal II, duc d'), gouverneur de l'île de France, de Soissons et de Laon, ambassadeur à Rome.
L. aut. sig. 9 juin 1671. 2 p. in-4.

231. **ESTRÉES** (César, cardal d'), ambassadeur, de l'Acad. fr.
L. aut. sig. à Madame Royale. Paris, 18 février 1697. 2 p. in-4.

232. **LE MÊME.**
L. aut. sig. 3 p. pl. in-8.

233. **EUGÈNE** (Fois Eugène de Savoie, dit *le Prince*), généralissime des armées impériales.
L. sig. terminée par 1 p. 1/2 aut. Turin, 1690. 4 p. in-4.

234. **LE MÊME.**

L. sig. en allemand avec la souscription aut. 1713. 3 p. in-fol.

235. **EULER** (Léonard), célèbre géomètre.

L. aut. sig. Berlin, 24 septembre 1756. 6 p. pl. in-4.

Superbe lettre toute scientifique.

236. **ÉVÊQUES ET ARCHEVÊQUES ALLEMANDS.** Neuf lettres.

Anselme (Casimir). 3 l. sig. 1637 et 1638. 4 p. in-fol. Cachets. — Dietrichstein (F^ois^). L. aut. sig. 1608. 1 p. in-fol. Cachet. Et l. sig. 1621. 1 p. 1/2 in-fol. Cachet. — Traetrson (le comte de). L. aut. sig. 1676. 1 p. in-fol. Et l. sig. 1677. 1 p. in-fol.

237. **ÉVÊQUES HONGROIS.** Sept lettres.

David (Paul). L. sig. à l'empereur d'Allemagne. 1624. 2 p. in-fol. Cachet. — Draskovics (Mathias). L. aut. sig. et l. sig. 1602. 2 p. in-fol. Cachet. — Draskovics (Georges). L. aut. sig. à l'empereur d'Allemagne. 1640. 1 p. in-fol. — Erdody (Simon). L. sig. en latin. 1525. 2 p. 1/2 in-fol. Cachet. — Erghelius (F^ois^). L. aut. sig. à l'empereur d'Allemagne en latin. 1608. 5 p. in-fol. Cachet. Belle lettre. — Jaklin (Blaise). L. aut. sig. en latin. Vienne. 1692. 1 p. in-fol. Cachet.

238. **FARNÈSE** (Alexandre), duc de Parme, général en chef des armées de Philippe II.

L. sig. en français aux échevins, bourgeois, soldats et manants de la ville de Saint-Omer. Ce 10 octobre 1578. 3 p. in-fol. Cachet. Belle pièce.

Notification de la mort de don Juan d'Autriche, très-bel éloge de ce grand capitaine.

239. **FENELON** (F^ois^ de Salignac de La Motte), illustre archevêque de Cambrai.

L. aut. sig. à l'abbé de Saint-Michel, ministre de l'électeur de Cologne. Cambrai, 25 mai 1705. 4 p. in-4.

Belle lettre dans laquelle il donne des conseils sur la conduite que doit tenir l'électeur qui avait été mis au ban de l'empire à cause de son alliance avec Louis XIV.

240. **FERDINAND V**, dit *le Catholique*, roi d'Espagne.

Isabelle de Castille, son épouse.

L. sig. des deux en espagnol. 8 octobre 1498. Rare pièce, d'une conservation parfaite.

241. **FERDINAND** (don), roi de Portugal.

L. aut. sig. en espagnol au duc de Terceira, *s. d.* 1 p. in-4. Enveloppe et cachet. Jolie lettre.

Maria (dona), reine de Portugal.

Billet de 2 lignes aut. sig. au duc de Terracine. 1/4 de p. in-8. Enveloppe et cachet.

242. **FERDINAND Ier**, empereur d'Allemagne.

Dépêche sig. partie en chiffres. 8 septembre 1548. 5 p. in-fol. Trace de cachet.

243. **LE MÊME.**

L. sig. en allemand. 1 p. 3/4 in-fol. Cachet. Belle pièce.

244. **FERDINAND II**, empereur d'Allemagne.

L. aut. sig. en allemand. Prague, 29 mai 1598. 1 p. in-fol. Cachet.

245 **FERDINAND III**, empereur d'Allemagne.

L. aut. sig. en espagnol au roi catholique. 28 novembre 1646. 1 p. pl. in-fol. Cachet.

Marie-Léopoldine et Éléonore d'Autriche, toutes deux femmes du précédent.

Deux l. sig. 1648 et 1663. 2 p. in-fol. Cachet.

246. **LE MÊME.**

Deux l. sig. en allemand. 1641. 3 p. in-fol. Cachet.

Marie-Léopoldine et Éléonore d'Autriche.

Deux l. sig. 1648 et 1673. 2 p. in-fol.

247. **FERDINAND IV**, empereur d'Allemagne.

L. aut. sig. en allemand au marquis de Carreto. 4 novembre 1648. 1 p. 1/4 in-fol. Cachet.

248. **LE MÊME.**

Deux l. sig. 1647 et 1649. 1 p. 1/2 in-fol. Cachets.

249. **FERDINAND Ier**, empereur d'Autriche.

Liste d'audience avec 13 grandes lignes aut. 1840. 1 p. 1/2 in-fol.

250. **FERDINAND**, grand-duc de Toscane.

L. aut. sig. en français au comte de Colloredo. Pise 1790. 1/2 p. in-4.

251. **FERDINAND D'EST**, archiduc d'Autriche.

L. aut. sig. en allemand. 3/4 de p. in-4.

Élisabeth, archiduchesse d'Autriche.

L. aut. sig. en français. 1836. 2 p. 1/2 in-8. Jolie lettre.

252. **FICHTE** (Jean-Gottlieb), célèbre philosophe allemand.

L. aut. sig. en allemand. Berlin, 30 mars 1806. 3/4 de p. in-4.

Envoi à une dame d'un ouvrage qu'il vient de faire imprimer.

253. **FICQUELMONT** (Ch. Louis), général et ministre des affaires étrangères autrichien.

L. aut. sig. en français au comte Esterhazy. Vienne, 30 mai 1844. 2 p. pl. in-4. Enveloppe et cachet.

254. **FLASSAN** (Gaëtan de), auteur de l'*Histoire de la diplomatie française.*

L. aut. sig. au ministre. Ce 2 février 1822. 3 p. in-fol.

Très-curieuse lettre relative au don de 100,000 fr. fait par Napoléon à M. Bignon pour écrire l'*Histoire de la diplomatie française.*

255. **FLAXMAN** (Jean), célèbre sculpteur anglais.

L. aut. sig. Buckingham. 1819. 2 p. in-8.

256. **FLEURY** (A. H., cal de), premier ministre de Louis XV.

L. aut. sig. Paris, 14 juin 1719. 2 p. in-4.

257. **FLORIAN** (P. Claris de), poëte fabuliste, de l'Acad. fr.

L. aut. Vernon, 18 février 1793. 3 p. 1/2 in-8. Jolie lettre.

258. **LE MÊME.**

Le Bonhomme et le Trésor, fable aut. 3 p. in-8. — *L'Education du Lion*, fable aut. 4 p. pl. in-8. — *L'Aveugle et le Paralitique*, fable aut. 4 p. pl. in-8. — *Le Singe qui montre la Lanterne magique*, fable aut. 3 p. in-8. — *Le Chat et les Rats*, fable aut. 3 p. in-8. — *L'Inondation*, fable aut. 3 p. in-8. — *La Carpe et les Carpillons*, fable aut. 2 p. in-8. — *La Brebis et le Chien*, fable aut. 1 p. 1/4 in-8.

Toutes ces fables sont avec ratures et corrections ; elles pourront être divisées.

259. **FLORIDA BLANCA** (le cte de), premier ministre de Charles III, roi d'Espagne.

L. aut. sig. à l'archevêque de Tolède. Madrid, 17 mars 1789. 1 p. pl. in-4.

Il lui parle de la demande que le roi a faite en sa faveur pour le chapeau de cardinal.

260. **LE MÊME.**
2 l. sig. au comte de Kaunitz. 1778 et 1780. 6 p. in-4.

261. **FOUCHÉ** (J[h]), duc d'Otrante, conventionnel et ministre.
L. aut. sig. *s. d.* (1815). 1 p. 1/2 in-4.
Belle et curieuse lettre politique, qu'il faudrait transcrire en entier.

262. **FOUQUÉ** (Ch. Fréd., baron de la Motte), célèbre romancier allemand.
L. aut. sig. en allemand. 2 août 1824. 2 p. pl. in-4. Détails littéraires.

263. **FOUQUET** (Nicolas), surintendant des finances.
L. aut. sig. à Son Eminence. 3 mars 1656. 1 p. pl. in-4. Belle lettre.

264. **FOX** (Charles), célèbre orateur anglais.
L. aut. sig. en anglais. Londres, 12 décembre 1777. 2 p. pl. in-4. Cachet.

265. **FOY** (Max. S.), général, député et écrivain militaire.
L. aut. sig. au Comité de législation de la Convention nationale, à la maison d'arrêt de Maubenge. 3 messidor an 2. 1 p. in-4.
Il a été dénoncé pour infidélités, dilapidations et propos contre-révolutionnaires, le jury a décidé qu'il n'y avait pas lieu à accusation. Le tribunal militaire de Maubeuge l'ayant renvoyé au tribunal révolutionnaire, il demande si ce renvoi est légal.

266. **FRANÇOIS Ier**, roi de France.
L. aut. sig. à maistre Picart. *s. d.* 1 p. pl. in-fol.
Il lui fait part qu'il vient de mander qu'on lui délivrât 12000 livres pour les travaux de Fontainebleau et de Boulogne, mais que son intention est que la dite somme soit presque toute employée aux édifices de Fontainebleau plutôt qu'aux autres.

267. **LE MÊME.**
L. sig. sur papier à son cousin l'évêque de Metz. Nisy, le 21 novembre. 1 p. in-fol. Cachet. Relative à l'abbaye de Senones.

268. **FRANÇOIS II**, roi de France.
L. sig. à M. de Limoges. Saint-Germain-en-Laye, 5 octobre 1560. 3 p. in fol. Cachet. Belle pièce politique.

269. **FRANÇOIS Ier**, empereur d'Autriche.
L. sig. 7 février 1761. 1/2 p. in-fol. avec un beau cachet.

270. **FRANÇOIS II**, empereur d'Autriche.
L. aut. sig. en français au comte Colloredo du camp de Belgrade, le 15 octobre 1789. 1 p. 1/2 in-4.
Il lui annonce la prise de Belgrade... à cette heure on travaille à force à nettoyer tout ce que la cochonerie turque nous a laissé d'ordures...

271. **LE MÊME.**
L. aut. sig. en français à son frère et très-cher oncle. Vienne, 1er juillet 1794. 1 p. pl. in-4.
Très-jolie lettre dans laquelle il annonce que son épouse vient de donner le jour à une archiduchesse.

272. **LE MÊME.**
L. sig. en allemand à M. de Kaunitz. Vienne, 16 avril 1792. 1 p. in-4.
Il le prie de tenir au courant les envoyés et ambassadeurs, de toutes les affaires relatives à celles de France.

273. **LE MÊME.**
L. sig. en allemand au comte Bigarte. Vienne, 16 avril 1813. 2 p. in-4.
Nomination originale au grade de ministre d'État et des conférences du comte Bigarte.

274. **LE MÊME.**

L. aut. sig. en français au comte de Colloredo. Vienne, 10 mars 1797. 1 p. in-4.

Il lui mande que l'affaire de la retraite de la Piave est certainement une suite du voyage inconsidéré de son frère Charles.

275. **LE MÊME.**

L. aut. sig. en allemand au comte de Stadion. Bude, 2 juin 1807. 2 p. in-4. Détails politiques.

276. **LE MÊME.**

L. sig. avec la souscription aut. à Alexandre Ier, empereur de Russie. Posen, 30 septembre 1825. 3/4 de p. in-fol. Enveloppe et cachet.

277. **FRANÇOIS II,** dernier duc de Bretagne.

Pièce signée sur vélin. 22 décembre 1466. in-fol. en travers.

278. **FRANKLIN** (Benjamin), célèbre président des États-Unis.

L. aut. sig. en anglais à Marat. Passy, 13 mars 1779. 1 p. in-4.

Il le remercie de l'avoir invité pour la séance dans laquelle il fera ses expériences sur l'électricité.

279. **FRÉDÉRIC Ier,** électeur de Brandebourg et premier roi de Prusse.

2 l. sig. 1691. 4 p. in-fol. Cachet.

280. **FRÉDÉRIC-GUILLAUME Ier,** roi de Prusse, père du grand Frédéric.

L. sig. en allemand. Berlin, 8 février 1738. 3/4 de p. in-fol.

281. **FRÉDÉRIC II,** roi de Prusse, dit *le Grand.*

L. aut. sig. au mis de... 15 janvier 1760. 3/4 de p. in-4.

Il le remercie de la peine qu'il a prise de faire imprimer ses balivernes... encore un revers et ce sera le coup de grâce, en vérité la vie devient tout à fait insupportable quand il faut la traîner de la sorte dans les chagrins et dans de mortels ennuis, elle cesse d'être un bienfait du ciel, elle devient un objet d'horreur qui ressemble aux plus cruelles vengeances que les tyrans exercent sur des malheureux, vous me tueriez plutôt que de me faire changer de sentiment... Vous n'êtes point roi, vous n'avez ni à défendre l'état ni à négocier, ni à trouver des expédients à tout ni à répondre des événements, pour moi qui succombe sous le fardeau, c'est à moi seul d'en souffrir la peine...

282. **LE MÊME.**

L. aut. sig. au mis de... à Gros-Dobritz. 26 juin 1760. 1 p. pl. in-4.

Il parle des malheurs qui lui sont arrivés en Silésie, puis il critique amèrement la préface de la comédie des *Philosophes*... la fin de ma carrière est dure, triste et funeste, j'aime la philosophie parce qu'elle modère mes passions, et parce qu'elle me donne de l'indifférence pour ma dissolution et pour l'anéantissement de ma pensée... Ah! que l'école de l'adversité rend sage, modéré, endurant et doux, c'est une terrible épreuve, mais quand on l'a surmontée, elle est utile pour le reste de la vie...

283. **LE MÊME.**

L. aut. sig. *Fr.* à Voltaire. 1751. 1/2 p. in-4.

Accusé de réception de son poëme la *Loi naturelle*, dont il l'entretiendra plus tard... Ici les hussards, les ingénieurs, les officiers d'infanterie et de cavalerie me tarabustent si fort, qu'ils ne me laissent pas le temps de me reconnaître, adieu, ayez pitié d'une âme qui est dans le purgatoire et qui vous demande des messes pour en être tirée bientôt...

284. **LE MÊME.**

Projet de lettre à Voltaire, aut. 2 fois sig. avec ratures et corrections. 26 janvier 1773. 2 p. 1/2 in-4.

Toute littéraire et philosophique.

285. **LE MÊME.**

Projet de lettre aut. sig. *Fr.* à Voltaire. 14 octobre 1773. 1 p. 1/4 in-4.

Il lui parle longuement des améliorations qu'il a faites en Prusse... abolir le servage, réformer des Loix barbares, ouvrir un Canal, rebâtir des villes détruites, défricher des Marais, Établir une Police et Consoler ses Pauvres ignatiens des rigueurs de la Cour de Rome...

286. **LE MÊME.**

Projet de lettre aut. à Voltaire, *s. d.* 1 p. 3/4 in-4.

Lettre toute philosophique contenant des réflexions sur la tolérance en matière de religion et sur le respect dû aux lois de son pays... Je parie que vous pensez en lisant ceci, celà est bien allemand, celà se ressent bien du flegme d'une nation qui n'a que des passions ébauchées, nous sommes, il est vrai, une classe de végétaux en comparaison des Français, aussi n'avons-nous produits ni *Jérusalem délivrée* ni *Henriade*, depuis que l'empereur Charlemagne s'avisa de nous faire chrétiens en nous égorgeant, nous le sommes restés...

287. **FRÉDÉRIC Ier**, roi de Prusse.

L. aut. sig. en français à sa fille la princesse de Prusse. Berlin, 31 octobre 1703. 1 p. in-4. Cachet. Jolie lettre, *rare*.

288. **FRÉDÉRIC-GUILLAUME II**, roi de Prusse.

L. aut. en allemand à M. Kerwick, maître de chapelle, *s. d.* 2 p. pl. in-4. Cachet.

Un concert devant avoir lieu à la cour, il le prie de veiller à ce que l'exécution soit sans reproche.

289. **FRÉDÉRIC-GUILLAUME III**, roi de Prusse.

L. sig. à Napoléon. Memel, 16 juillet 1807. 1 p. 3/4 in-4.

Belle lettre dans laquelle il fait l'exposé de la détresse de ses sujets et demande la remise des contributions qui montent à 100 millions de francs, ou du moins une réduction considérable, puis encore l'évacuation de ses états.

290. **LE MÊME.**

L. sig. avec la souscription aut. de 3 lignes à Napoléon. Berlin, 20 juillet 1810. 1 p. in-4.

Très-belle lettre sur la mort de la reine son épouse.

291. **FRÉDÉRIC-GUILLAUME IV**, roi de Prusse.

L. sig. en allemand. Berlin, 23 mars 1848. 1/2 p. in-4.

292. **FRÉDÉRIC III et IV**, rois de Danemark.

2 L. sig. 1659 et 1723. 4 p. in-fol. Cachets.

293. **FRÉDÉRIC V**, roi de Bohême.

L. sig. 6 juin 1616. 1 p. 1/2 in-fol. Cachet.

294. **FRÉDÉRIC-AUGUSTE**, roi de Saxe.

L. aut. sig. en français au cte de.... Dresde, 28 octobre 1804. 3 p. in-4. Jolie lettre.

295. **FRÉDÉRIC**, duc d'York.

L. aut. sig. à Mme de Lieven. Londres, 15 décembre 1824. 1 p. 1/2 in-8.

Frédéric (Charlotte), duchesse d'York, femme du précédent.

L. aut. sig. en français, sig. *F.* à Mme de Lieven. Londres, *s. d.* 2 p. in-8.

296. **FURSTENBERG** (Fois Egon de), évêque de Strasbourg et de Metz, principal ministre de l'électeur de Cologne.

L. sig. en allemand avec la souscription aut. au comte de Betting. 1672. 1/2 p. in-fol. Cachet.

297. **GALL** (J. Jh), médecin et phrénologiste allemand.

L. aut. sig. 1823. 3/4 de p. in-4.

298. **GARCIA DE PAREDES** (don Diego), fameux capitaine espagnol.

L. aut. sig. en espagnol. Vérone, 8 juin 1516, *s. d.* 1 p. in-fol. Cachet. Belle lettre, *rare*.

299. **GASTON** (J. B.), duc d'Orléans, fils de Henry IV.

L. aut. sig. au cardinal de Lavallette. Paris, 3 août 1637. 3/4 de p. in-4. Cachets et soies.

Annonce de la prise de Landrecies.

300. **LE MÊME.**

L. aut. sig. à sa sœur la princesse de Piémont. Orléans, 21 avril 1629. 3/4 de p. in-4. Cachets et soies. Jolie lettre.

301. **GELLERT** (Christian), célèbre fabuliste et littérateur allemand.

L. aut. sig. *Gelrt*, en allemand. 3 p. in-4. Jolie lettre.

302. **GÉNÉRAUX FRANÇAIS.** Six lettres.

Athalin. L. aut. sig. 1841. 1 p. in-4. — Changarnier. L. sig. 1849. 1 p. in-8. — Fabvier. L. aut. sig. 1842. 3 p. 1/2 in-4. — Montmorency. Luxembourg. L. aut. sig. 1781 1 p. in-4. — Paixhans. L. aut. sig. 1 p. in-8. et Vandamme. L. sig. an 8. 1 p. in fol.

303. **GÉNÉRAUX FRANÇAIS.** Sept lettres aut. sig.

Belliard. 1818. 2 p. in-4. — Damas (le baron de). 1816. 2 p. 1/2 in-4. Gourgaud. 1 p. in-4. — Lafayette. 1832. 1/2 p. in-4. — Lamarque (Max.). 1807. 1 p. in-fol. — Montholon. 31 mars 1848. 1 p. in-4. Curieuse. — Petit. 1846. 1 p. in-4.

304. **GÉNÉRAUX ALLEMANDS.** Trois lettres.

Auguste, prince de Prusse. L. sig. 1841. 1 p. in-4. — Dietrichstein (F^ois J^b). L. aut. sig. en allemand. 1531. 3 p. in-8. — Latour (Baillet de). L. aut. sig. en allemand. 1815. 3/4 de p. in-fol.

305. **GÉNÉRAUX ALLEMANDS.** Six lettres.

Gneisenau (le c^te de). L. aut. sig. en allemand. 1815. 1 p. in-fol. — Gyulay. L. sig. 1823. 1 p. in-fol. — Mohr. L. sig. 1816. 1 p. in-fol. — Neipperg (le c^te de). L. sig. 1823. 1 p. in-fol. — Neipperg. 1847. 1 p. in-fol. — Sacken. Paris 1814. 1 p. in-fol.

306. **GÉNÉRAUX ALLEMANDS.** Six lettres.

Bismark. L. sig. 1815. 1 p. in-4. — Colloredo (Jérôme). L. sig. 1815. 3/4 de p. in-fol. — Wacquant: 1° L. aut. sig. en français. Hordt, 14 juillet 1815. 3 p. in-fol. Relative à une suspension d'armes demandée au général Rapp. 2° 3 L. sig. en allemand. Avril 1823. 6 p. in-fol.

307. **GÉNÉRAUX et MARÉCHAUX HONGROIS.** Six lettres.

Forgacz (Adam), feld-maréchal. L. aut. sig. 1644. 4 p. in-fol. L. sig. 1648. 1 p. in-fol. 2 portraits. — Forgacz (Nicolas VII). 2 L. sig. 1622. 4 p. in-fol. — Thurzo (Comes-Stanislas). 1620. 2 p. in-fol. — Thurzo (Georges). L. sig. 1609. 1 p. in-fol. Cachet.

308. **GÉNÉRAUX SUÉDOIS et ALLEMANDS.** Cinq lettres.

Mortaigne (G. Cornélius). L. sig. 1636. 3/4 de p. in-fol. — — Neipperg (Guil.). L. aut. sig. en français. Dresde, *s. d.* 4 p. in-4. avec une page de vers, plus 2 L. sig. 1754 et 1777. 2 p. in-fol. — Stenboek (Magnus). L. sig. en suédois. 1700. 4 p. in-4. — Veterani (Fréd.). L. sig. 1687. 1/2 p. in-4. Cachet. — Zichy (Etienne II). L. aut. sig. 1695. 1 p. in-fol. Cachet. Portrait.

309. **GÉNÉRAUX RUSSES.** Quatre lettres aut. sig. en français.

Adelberg. *S. d.* 1 p. in-4. — Levachoff. Kieff, 19 mars.... 2 p. pl. in-4. Relative aux prisonniers d'État détenus à Kieff. — Witt (Guil. comte de). Varsovie, 14 mars 1832. 4 p. pl. in-4. Belle lettre relative à la publication du manifeste de l'empereur Nicolas aux Polonais, mesures prises pour empêcher les Jacobins et les mal-intentionnés de monter les têtes, il est chargé de la tâche difficile d'engager les Polonais à envoyer une députation de la haute noblesse à l'empereur, etc. — Wassiltschikoff (1825). 1 p. in-4.

310. **GENLIS** (F. S. Ducrest, comtesse de), romancière.

1° L. aut. sig. au comte de Milly. Saint-Leu, 8 juin 1784. 3/4 de p. in-4.

2° Article aut. pour un journal 1 p. 3/4 in-4.

311. **GENTZ** (Fréd. de), célèbre ministre d'État autrichien.

1° L. aut. sig. *s. d.* 1 p. in-8.

2° L. aut. sig. Berlin, 17 décembre 1799. 15 p. 1/2 in-4. Détails littéraires.

312. **GEORGES I**er (Louis), roi d'Angleterre.

L. aut. sig. en français à l'empereur d'Autriche. Hampton-Cour, le 17 octobre 1717. 1 p. pl. in-4. Cachets et soies. Jolie lettre.

313. **GEORGES II**, roi d'Angleterre.

L. aut. sig. à la reine de Hongrie. Hanau, 18 juillet 1743. 1 p. pl. in-4. Cachets et soies. Très-belle lettre.

314. **GEORGES III**, roi d'Angleterre.

L. sig. avec la souscription aut. à Marie-Thérèse, impératrice. 1776. 1 p. in-fol. Cachet.

315. **GEORGES IV**, roi d'Angleterre.

L. sig. avec la souscription aut. au roi Charles X. Carlton-Palace, 30 avril 1825. 1 p. pl. in-4. Cachets et soies.

Annonce de l'envoi du duc de Northumberland pour assister à son sacre.

316. **GIBERTI** (J. Nath.), évêque de Vérone, négociateur et écrivain.

L. en italien, terminée par 6 grandes lignes aut. sig. à Paul Victori. Rome, 1524. 1 p. in-fol. Cachet.

317. **GLEIM** (J. Guil. L.), poëte allemand.

1° L. aut. sig. en allemand. Halberstadt, 22 novembre 1758. 4 p. in-4.

2° L. aut. sig. en allemand. 10 octobre 1784. 1/2 p. in-4.

318. **GOECKINGH** (L. F. de), poëte allemand.

L. aut. sig. 26 août 1824. 1 p. pl. in-8.

Gries (J. D.), poëte allemand.

L. aut. sig. à Schiller. Iéna, 1801. 1 p. 1/2 in-4.

Envoi de sa traduction de la *Jérusalem délivrée.*

319. **GODOI** (don Manuel), prince de la Paix, premier ministre de Charles IV.

L. aut. sig. en espagnol à Don Miguel D'Alava. Paris, 15 octobre 1835. 1 p. 1/4 in-4.

Belle et intéressante lettre dans laquelle il lui parle d'une lettre qu'il a en sa possession et que D. Cevallos lui a écrite en 1815, approuvant la conversation de lui d'Avala avec l'empereur d'Autriche vous autorisant à continuer vos rapports avec moi, pour qu'il lui retirât sa protection... il lui parle de sa position malheureuse et ajoute... Je m'afflige d'une si amère cruauté étant innocent et réduit à la misère bien que propriétaire de biens dont d'autres jouissent à l'ombre d'une persécution obstinée et de l'injustice....

320. **LE MÊME.**

1° L. sig. au comte Kageneck, 16 novembre 1792. 2 p. 1/2 in-4.

Annonce de la démission du comte d'Aranda et de sa nomination comme ministre.

2° 3 L. sig. au même. 1794 et 1797. 9 p. in-4.

321. **GOETHE** (Jean-Wolfgang), chef de l'école littéraire allemande.

L. aut. sig. en allemand. 21 août 1817. 1 p. in-4.

322. **LE MÊME.**

L. aut. sig. *G.* en allemand. Minuit après Pâques. 1. p. in-4.

323. **LE MÊME.**

Petit billet de 2 lignes aut. sig. 1831. Pièce d'album.

324. **GOMEZ DE SILVA** (Eboli Ruy), favori de Philippe II.

L. sig. en espagnol avec la souscription aut. au roi très-chrétien. Madrid, 10 avril 1572. 1 p. in-fol. Cachet. Belle lettre.

325. **GOTTSCHED** (J. Chr.), célèbre littérateur allemand.

Vers d'Horace avec envoi aut. sig. à Schulz. Leipzig, 17 février 1745. in-8 en travers. Pièce d'album.

326. **GOUVION-SAINT-CYR**, maréchal de France.

1° L. aut. sig. au général Schaal an 4. 1 p. in-fol.

2° L. aut. sig. 1826. 1 p. in-4.

327. **GRANVELLE** (Ant. Perrenot de), célèbre ministre de Charles-Quint.

L. aut. sig. à Mme ***. Madrid, 11 janvier 1585. 2 p. pl. in-fol. Superbe lettre.

328. **GRÆVIUS** (J. Georges), savant célèbre, auteur du trésor des *Antiquités romaines*, etc.

L. aut. sig. en latin à D. Huet. 1679. 2 p. pl. in-4. Cachet.

329. **GRILLPARZER** (Frois), poète et auteur dramatique allemand.

L. aut. sig. en allemand à M. Zedlitz. 1 p. in-4.

330. **GRUMBACH** (Guillaume), gentilhomme saxon. De concert avec Albert de Brandebourg, il ravagea la Franconie; proscrit par l'empereur Ferdinand, il fut livré par ses ennemis et périt écartelé en 1567.

L. aut. sig. en allemand. 1554. 1 p. 1/2 in-fol. Cachet. Belle et rare lettre.

331. **GUALTERIO** (Ph. A.), cardinal, savant archéologue.

L. aut. sig. en français. 26 novembre 1720. 5 p. in-4.

2° L. aut. sig. en italien. Rome, 1720. 7 p. in-4.

332. **GUILLAUME III**, roi d'Angleterre.

L. aut. sig. au roi Louis XIV. 22 juin 1701. 1 p. pl. in-4.

Condoléances sur la mort de Philippe d'Orléans, frère de Louis XIV. Belle lettre.

333. **LE MÊME.**

Pièce signée sur papier. 1699. 1 p. in-fol.

334. **GUILLAUME IV**, roi d'Angleterre.

L. sig. en anglais avec la souscription aut. à la reine de France. Saint-James, 3 décembre 1834. 1 p. in-4.

Adélaïde, reine d'Angleterre, femme du précédent.

L. aut. sig. en français à la princesse de Lieven, *s. d.* 2 p. 1/2 in-8.

335. **GUILLOTIN** (J. Ignace), célèbre médecin.

L. aut. sig. au comte de Fontanes. Paris, 10 juin 1810. 1 p. in-4.

Demande d'une place de conseiller de l'Université.

336. **GUISE** (F^ois de Lorraine, duc de), lieutenant-général du royaume, assassiné par Poltrot en 1563.

L. sig. avec la souscription aut. Fontainebleau, 25 mai 1555. 1 p. in-fol. Cachet. Belle pièce.

337. **GUISE** (Henri de Lorraine, duc de), dit *le Balafré*.

L. aut. sig. à M. de Luxembourg. *s. d.* 1 p. in-fol. Cachet.

338. **GUSTAVE-ADOLPHE**, roi de Suède, surnommé *le Grand*.

Pièce sig. en allemand. Stockholm, 27 avril 1620. 1 p. in-fol. Cachet.

339. **GUSTAVE III**, roi de Suède, assassiné par Ankastrom.

L. aut. sig. en français au baron de Sigert. Ce 17 août 1773. 1 p. pl. in-4.

340. **HALLER** (Albert de), anatomiste, botaniste et poëte allemand.

L. aut. sig. en français. Gottingue, 6 mars 1753. 1 p. in-4.

Il annonce que le roi de Danemark est tout disposé à envoyer des gens dans ses colonies pour y cultiver l'histoire naturelle.

341. **HAHNEMANN** (Samuel), célèbre médecin allemand, inventeur de la médecine homéopatique.

L. aut. sig. en allemand. Paris, 3 août 1841. 3 p. in-8.

Conseils et prescription à un homme atteint d'une maladie très-grave.

342. **HARDEGG** (Ferdinand, c^te d'), célèbre général allemand, décapité en 1595.

L. sig. en allemand. 24 mai 1691. 1 p. 1/2 in-fol. Cachet, avec une gravure du temps, représentant son jugement et son exécution.

343. **HARDENBERG** (Ch. Aug., prince de), célèbre ministre prussien.

L. aut. sig. en français. 1er août 1815. 1 p. in-4.

Mad. de Brayer, femme du général, étant venue le trouver pour le prier de solliciter la grâce de son mari qui d'après la liste est au nombre des proscrits, il intercède auprès du prince en sa faveur.

344. **LE MÊME.**

L. aut. sig. en allemand. Vienne, 1815. 3/4 de p. in-4. 2° L. sig. en allemand. *s. d.* 3/4 de p. in-8.

345. **HARLAY** (Achille III de), premier président au parlement de Paris, railleur fin et mordant, selon Saint-Simon d'une ambition démesurée.

L. aut. sig. Paris, 18 juin 1666. 1 p. 1/2 in-4.

346. **HARO** (don Louis de), célèbre ministre espagnol.

3 L. sig. avec la souscription aut. au comte de Carretto, en espagnol. 1646. 3 p. in-4.

347. **HAYDN** (Joseph), célèbre compositeur de musique.

Une page de musique aut. certifiée par M. Artaria.

348. **HEEREN** (Arn. Louis), historien allemand.

L. aut. sig. en allemand. 10 décembre 1819. 3 p. 1/2 in-8. Jolie lettre.

349. **HEGEL** (G. G. F.), célèbre philosophe allemand.

1° L. aut. sig. en allemand. 30 avril 1830. 1 p. in-8. 2° Deux petits fragments aut. 2 p. in-4. et in-8.

350. **HENRI II**, roi de France.

L. sig. Villers-Cotterets. 13 novembre 1555. 1 p. in-fol.

351. **HENRI III**, roi de France.

L. aut. sig. au roi de Navarre, *s. d.* 1 p. pl. in-fol.

352. **HENRI IV**, roi de France et de Navarre.

L. aut. sig. à son cousin le comte de La Roche, *s. d.* 1 p. in-fol. un peu tachée d'eau.

Il lui mande qu'il a fait une course militaire dans le bas Poitou, et a fait passer la rivière du Toue aux troupes de Laverdin.

353. **LE MÊME.**

L. sig. sur papier, à M. de Bazillac. 10 novembre 1594. 1 p. in-fol. Cachet.

354. **HENRI VIII**, roi d'Angleterre.

L. sig. avec la souscription aut. à l'archiduchesse d'Autriche, duchesse et comtesse de Bourgogne. Richemont, 26 mars 1518. 1/2 p. in-fol. Cachet. Un peu tachée d'humidité.

355. **HENRI DE BOURBON**, duc de Bordeaux, puis comte de Chambord.

L. aut. sig. à la duchesse de Gontaut. Frohsdorf, le 20 octobre 1850. 2 p. 1/4 in-8. Enveloppe et cachet. Charmante épître.

356. **LE MÊME.**

L. aut. sig. à la même. Frohsdorf, 11 janvier 1847. 1 p. 3/4 in-8.

Il est touché des sentiments exprimés à l'occasion de son mariage... ma femme est bien sensible à vos félicitations et à vos vœux, elle sait les tendres soins, et je puis le dire les sollicitudes maternelles que vous avez eues pour moi dans mon enfance...

357. **LE MÊME.**

L. aut. sig. à la même. Goritz, ce 29 mars 1839. 1 p. 1/2 in-8. Cachet.

Lettre de condoléances sur la mort du duc de Gontaut.

358. **LE MÊME.**

L. aut. sig. à la même. Kirchberg, ce 14 juin 1838. 1 p. pl in-8. Cachet. Charmante épître.

359. **LE MÊME.**

L. aut. sig. à la même. 12 octobre 1834. 1 p. pl. in-8. Cachet.

Dans cette lettre écrite étant enfant, il demande la grâce de sa sœur, à la duchesse leur gouvernante.

360. **HENRI DE PRUSSE** (F. L.), célèbre général dans la guerre de sept ans, ami de Voltaire.

L. aut. sig. en français à Mme... de Dahlen, 11 décembre 1762. 1 p. pl. in-fol. Charmante épître, plus une lettre sig. 1 p. in-fol.

361. **HENRIETTE-MARIE**, fille de Henri IV, femme de Charles Ier, roi d'Angleterre.

L. aut. sig. à son frère. Lyon, le 11 décembre. 1 p. in-fol. Cachets et soies.

362. **HERDER** (J. Godefroy de), philosophe et poëte allemand.

1° L. aut. sig. en allemand, *s. d.* 1 p. in-4.

2° Certificat aut. sig. Weimar, 1799. 1/2 p. in-fol.

363. **HERSCHEL** (John-Fréd.-Guil.), célèbre astronome anglais.

L. aut. sig. en anglais à M. Bouvard. Londres, 1824. 3 p. et 1/2 in-4. Cachet.

Très-belle lettre relative à l'astronomie et à ses relations avec MM. Arago, Laplace, Nicollet, etc.

364. **HESSE-DARMSTADT** (princes de). Neuf lettres sig.
Georges Ier. 1588. 3/4 de p. in-fol. Cachet. — Georges II. 3 l. 1654 et 1659. 3 p. in-fol. Cachet. — Georges III. *S. d.* 1 p. in-fol. — Louis V. 1607. 1/2 p. in-fol. Cachet. — Louis VI. 3 l. 1653. 4 p. in-fol. Cachets. — Amélie Élisabeth de Hesse-Cassel, femme de Guillaume V. 1641. 1 p. in-fol. Cachet.

365. **HOCHE** (Lazare), général en chef.
L. aut. sig. au général Regnier, au quartier-général à Brest, le 20 fructidor an 4. 1 p. in-4. Tête impr.

366. **HOFER** (André), célèbre chef des partisans du Tyrol, fusillé par les Français à Mantoue en 1810.
Quittance sig. de 450 florins. 30 septembre 1809. 1 p. in-4. *Rare.*

367. **HOFFMANN** (C. Théodore), musicien allemand.
L. aut. sig. en allemand. Berlin, 8 septembre 1821. 1 p. in-4.

368. **HOHENZOLLERN** (F. Xavier), célèbre feldmaréchal autrichien.
L. sig. avec la souscription aut. en allemand. Molsheim, 28 septembre 1815. 1 p. 3/4 in-fol.
Belle lettre militaire relative à l'investissement de Strasbourg.

369. **HOLTY** (L. H. Chr.), poëte lyrique allemand.
Chanson aut. sig. pour la moisson, en allemand. 2 p. 1/2 in-8.
Knebel, littérateur allemand.
L. aut. sig. à Goëthe, *s. d.* 1 p. in-4. Toute littéraire.

370. **HOMMES D'ETAT ANGLAIS.** Cinq lettres aut. sig.
Grey (Charles) au général Alava. 1835. 3 p. 1/4 in-4. — Holland (H. R. Fox lord). 1832. 2 p. 1/2 in-8. — Malmesbury (J. Harris), en français. 1792. 1 p. in-8. — Melbourne (le vte de). 1853. 1 p. 1/2 in-8. — Peel (Robert). 1834. 4 p. in-8.

371. **HOMMES D'ETAT ANGLAIS.** Quatre lettres aut. sig.
Brougham (H.). 1 p. in-18. — Malmesbury (J. Harris). 1 p. in-8. — Peel (Robert) au général Alava. 1/2 p. in-4. Cachet. — Russel (lord John). 1827. 2 p. in-8.

372. **HOMMES D'ETAT ANGLAIS.** Cinq lettres aut. sig.
Brougham (H.) en français. 3 p. in-8. — Heytesbury (lord) en français. 1832. 1/2 p. in-8. — Huskisson (William). 1813. 2 p. pl. in-4. — Peel (Robert). Lettre écrite à la 3e personne. 1850. 1 p. in-4. Enveloppe et cachet. Relative à son portrait. — Wilberforce (William). 2 p. in-8.

373. **HORN** (Gustave de), sénateur et chancelier de Suède.
Billet de 7 lignes aut. sig. en allemand. 2 juillet 1647. 1/2 p. in-4.

374. **HOUWALD** (Christophe), poëte et auteur dramatique allemand.
L. aut. sig. en allemand à M. Schreivogel, secrétaire du théâtre impérial à Vienne. 12 juin 1821. 1 p. in-4. Cachet.
Il le prie de retarder la représentation d'une de ses pièces.

375. **HUMBOLDT** (Alexandre de), savant voyageur et naturaliste prussien.
2 l. aut. sig. au comte Esterhazy. 1854 et 1855. 2 p. in-4 et in-8. Enveloppes et cachets. Jolies lettres.

376. **HUMBOLDT** (Guil. de), ambassadeur.
1° L. aut. sig. à Schiller, 5 juillet 1796 1 p. pl. in-4. Cachet. Très-jolie lettre.
2° L. aut. sig. 1820. 1/2 p. in-4.

377\. **HUMMEL** (Jos.), maître de chapelle et compositeur allemand.

L. aut. sig. en allemand à M. Halsinger. Weimar, 13 août 1837. 2 p. pl. in-4. Belle lettre.

378\. **IFFLAND** (A. G.), acteur et auteur dramatique.

L. aut. sig. en allemand à M. Kauch. 1799. 1 p. pl. in-4. Cachet de la direction du théâtre de Prague.

379\. **ISTVANFFI** (Nicolas), vice-palatin de Hongrie et historien.

L. sig. en latin au roi de Hongrie. 3 septembre 1608. 1 p. 1/2 in-fol. Cachet.

Très-belle lettre remplie de détails politiques et religieux.

380\. **JACOBI** (J. Georges), poëte allemand.

L. aut. sig. à Schiller, en allemand. 7 juillet 1795. 2 p. 1/2 in-4. Cachet. Très-jolie épître.

381\. **JACQUES I**er, roi d'Angleterre.

L. aut. sig. au roi de France Henri IV, à Guhytehall, ce 28 décembre 1605. 1 p. pl. in-fol. Cachets. Très-belle lettre, *rare*.

382\. **LE MÊME.**

L. sig. avec la souscription aut. à M. De-la-Ville-aux-Clercs. Palais de Grenwich, ce 13 mai 1624. 3/4 de p. in-fol. Cachets.

383\. **JACQUES II**, roi d'Angleterre.

L. aut. sig. à son cousin, *s. d.* 2 p. in-4.

384\. **JANSON** (Toussaint de Forbin), cardinal-évêque de Beauvais, ambassadeur, etc.

L. aut. sig. à Manosque, ce 4 mai 1665. 2 p. pl. in-4.

385\. **JEAN**, archiduc d'Autriche, célèbre général.

L. sig. en allemand. 13 juillet 1824. 2 p. in-4.

386\. **JÉRUSALEM** (J. F. G.), célèbre prédicateur et écrivain protestant.

L. aut. sig. en allemand. 1763. 3 p. in-4.

387\. **JOMINI**, général et célèbre écrivain militaire.

L. aut. sig. à M. Wagner, *s. d.* 4 p. pl. in-4.

Curieuse lettre relative à la vie de Napoléon.

388\. **JOSEPH I**er, empereur d'Allemagne.

L. sig. en allemand avec la souscription aut. au duc de Lorraine. Vienne, 29 octobre 1700. 1 p. in-fol.

389\. **JOSEPH II**, empereur d'Autriche, frère de Marie-Antoinette.

L. aut. sig. en allemand à M. de Kaunitz. 20 décembre 1774. 1/2 p. in-4.

390\. **JOSÉPHINE BEAUHARNAIS**, impératrice des Français.

L. aut. sig. au ministre. 1 p. in-12. Papier gauffré. Cachet.

391\. **JUAN D'AUTRICHE** (don), fils naturel de Charles-Quint, l'un des grands capitaines du seizième siècle.

L. aut. sig. en espagnol à M. de Mondejar, de Murcie, ce 11 avril 1575. 2 p. in-fol. Cachet. Belle et rare lettre.

Il le félicite de ce que le roi l'a nommé vice-roi de Naples, et lui demande l'époque de son départ pour lui faire fournir les galères nécessaires.

392\. **JUAN D'AUTRICHE** (don), fils naturel de Philippe IV et d'une comédienne nommée Calderona, général en chef, perdit la bataille des dunes contre Turenne

L. sig. en espagnol avec 4 grandes lignes aut. Saint-Laurent, 6 octobre 1677. 3 p. in-fol.
Relative à la pénurie dans laquelle se trouve l'armée.

393. **LE MÊME.**
L. sig. en espagnol avec apostille de 3 petites lignes aut. Saint-Laurent, 6 octobre 1677. 3 p. 1/4 in-fol.

394. **KÆSTENER** (Abraham), célèbre mathématicien allemand.
L. aut. sig. *K.* en allemand. 30 décembre 1777. 4 p. pl. in-4.
Jolie lettre, détails d'intimité.

395. **KANT** (Em^el^), célèbre philosophe et métaphysicien allemand.
L. aut. sig. en allemand à M. Reinhold à Iéna. Kœnigsberg, 7 mars 1788. 4 p. pl. in-4.
Relative à des travaux et réflexions philosophiques.

396. **LE MÊME.**
Fragment aut. en allemand. 28 lignes in-8.
Relative aux mathématiques.

397. **KARSCHIN** (Anne-Louise Durbach, femme), poëte.
Pièce de vers aut. sig. 1er mai 1779. 3 p. in-8.

398. **KAUNITZ** (Wenceslas, prince de), fameux ministre autrichien.
1° 2 l. sig. en français. 1777. 3 p. in-4. 2° 2 l. sig. en allemand. 1770 et 1771. 3 p. in-fol.

399. **KEITH** (Georges-Elphinston, lord), célèbre amiral anglais.
L. aut. sig. en anglais, *s. d.* 1 p. pl. in-8.

400. **KELLERMANN** (F. C.), duc de Valmy, maréchal de France.
L. aut. sig. à la citoyenne Lamotte, son amie (1793). 2 p. in-4.
Alors en arrestation, il la prie de faire bien des compliments aux personnes qui veulent bien s'intéresser à ses malheurs et rendre justice aux sentiments d'un franc et pur sans-culotte.

401. **KEPPLER** (Jean), célèbre astronome allemand.
L. aut. sig. en latin. Sagoni, 10 février 1629. 1 p. pl. in-fol. Très-belle lettre.

401 *bis*. **KLOPSTOCK** (Frédéric-Gottlieb), célèbre auteur de la *Messiade*.
L. aut. sig. en allemand. Hambourg, 26 mars 1777. 4 p. in-8.

401 *ter*. **LE MÊME.**
Pièce aut. en allemand. 8 p. in-4.
Curieuse discussion littéraire avec M. de Bourgoing au sujet du poëme de la *Messiade*.

402. **KOENISMARK** (J.), célèbre général suédois.
1° L. aut. sig. Halla, 2 avril 1644. 3/4 de p. in-fol. Cachet. 2° L. sig. 12 août 1634. 1 p. 1/2 in-fol. Cachet.

403. **KOTZEBUE** (A. F. F.), poëte et littérateur allemand.
L. aut. sig. en français, au comte de ***. Berlin, 17 avril 1813. 2 p. 3/4 in-4.
Il se plaint de ne pas recevoir en même temps que les journaux du gouvernement les nouvelles du quartier-général.

404. **LE MÊME.**
L. aut. sig. au comte de ***. Berlin, 23 avril 1813. 4 p. in-4.
Il se plaint de ce qu'on a critiqué sévèrement et désapprouvé des articles de sa Gazette, et il réfute article par article les endroits incriminés, puis il ajoute que la sévérité qu'on a eue à son égard le plonge dans le découragement, malgré les éloges qui lui sont prodigués par les hommes de lettres.

A cette lettre se trouve jointe une l. sig. du comte de Golz au général Wittgenstein. Berlin, 29 mars 1813. 3 p. in-fol. toute relative à la Gazette publiée par Kotzebue.

405. **KRUSENSTERN** (Adam-Jean), amiral et voyageur.

L. aut. sig. en allemand. Saint-Pétersbourg, 3 novembre 1822. 2 p. in-4. Cachet.

406. **LABRADOR** (don Pedro-Gomez), célèbre ministre et diplomate espagnol.

L. aut. sig. en espagnol au comte Fernand-Nunez. Port-Sainte-Marie, le 24 juin ... 2 p. in-4. Belle lettre.

Il lui écrit avec une plume d'auberge pour lui faire part de son indécent éloignement qui sera un sujet d'oprobre pour les promoteurs de son exil qui ne sont que des galopins tout en se croyant des grands hommes... Heureusement la démocratie, soit le despotisme de la canaille, va expirer... ils retomberont bien promptement dans leur obscurité tous ces galopins salariés par les Français, tous ces renégats, tous ces charlatans grands patriotes de langue...

407. **LA CHAISE** (le p. Fois de), jésuite, confesseur de Louis XIV.

L. sig. au père Louis de Camanjo. Paris, 29 décembre 1682. 2 p. in-8.

408. **LACY** (Jh F. M., cte de), feldmaréchal autrichien.

L. aut. sig. à Mme ***, en français. Vienne, 2 mai 1772. 1 p. in-4. Charmante épître.

409. **LAFONTAINE** (Jean de), célèbre fabuliste.

La Chatte métamorphosée en Femme, fable aut. 2 p. 1/4 in-4.

410. **LAMARTINE** (A. de), poëte, historien, de l'Acad. fr.

1° 2 L. aut. sig. *s. d.* 2 p. in-8. 2° L. aut. sig. à Eugène Sue. 1831. 1 p. in-4. Cachet.

411. **LANNOY** (Charles de), célèbre général de Charles-Quint, il gagna la bataille de Pavie. Ce fut à lui que François Ier rendit son épée.

L. sig. en espagnol à sa très-sacrée majesté très-catholique le César (Charles V). Milan, le 22 mars 1525. 1 p. pl. in-fol. Cachet.

Chaude recommandation en faveur du marquis de Pescara.

412. **LA ROCHEFOUCAULD** (Fois VI, duc de), célèbre auteur des *Maximes*.

L. aut. sig. à Mlle de Scudéry. 30 décembre. 1 p. 1/2 in-4. Cachets et soies.

Très-jolie lettre dans laquelle il fait l'éloge des ouvrages de Pelisson.

413. **LAVALLETTE** (Louis de Nogaret, cardinal de), fils du duc d'Espernon, général en chef.

L. aut. sig. au duc Bernard de Saxe-Weimar, au camp de Lunéville. 1er septembre 1636. 1 p. in-fol.

414. **LAVATER** (J. G.), créateur de la *Physiognomie*.

L. aut. sig. en allemand. 11 novembre 1784. 3 p. in-4.

Relative au tirage des figures de son ouvrage.

415. **LE MÊME.**

L. aut. sig. en allemand. 1797. 2 p. in-12. Relative à son ouvrage.

416. **LE MÊME.**

L. aut. sig. en allemand à la duchesse de Wurtemberg. 26 janvier 1789. 3 p. in-4. Enveloppe et cachet avec le projet de réponse aut. sig. de la duchesse de Wurtemberg. 3 p. in-4.

Le commencement de la lettre de Lavater paraît manquer.

417. **LAWRENCE** (Thomas), célèbre peintre anglais.
L. aut. sig. en anglais. 1827. 1 p. in-8.

418. **LECAMUS** (Etienne), cardinal, évêque de Grenoble.
L. aut. sig. à Bossuet, évêque de Meaux. Grenoble, 27 septembre 1699. 2 p. pl. in-4.
Relative au livre de Bossuet sur le quiétisme.

419. **LEIBNITZ** (G. G. de), philosophe, historien, etc.
L. aut. sig. en latin à Daniel Huet. 10 mai 1673. 3 p. pl. in-4.
Belle lettre littéraire et scientifique.

420. **LEON XII**, pape.
L. sig. Montrouge, 24 octobre 1814. 1 p. in-4.

421. **LÉOPOLD Ier**, empereur d'Allemagne.
L. aut. sign. en allemand à Lobkowitz. Luxembourg, 4 juin 1697. 1 p. pl. in-fol. Très-belle lettre.

422. **LE MÊME.**
L. sig. en allemand, avec 5 lignes aut. 31 décembre 1669. 1 p. in-fol. Cachet.

423. **LE MÊME.**
L. sig. en allemand, avec 4 lignes aut. 1668. 1 p. in-fol. Cachet.

424. **LE MÊME.**
L. sig. en italien, avec la souscription aut., au roi d'Espagne. 1679. 1 p. 1/4 in-fol. Cachet. Très-belle lettre.

425. **LE MÊME.**
1° L. sig. au mis de Leganez. 1696. 3/4 de p. in-fol. Sceau.
2° L. sig. en allemand, avec 4 lignes aut. 1680. 1 p. 1/2 in-fol. Cachet.
Claude Félicité, impératrice, femme du précédent.
L. sig. 1674. 1 p. 1/2 in-fol. Cachet.

426. **LÉOPOLD II**, empereur d'Autriche, frère de Marie-Antoinette.
L. aut. sig. au comte Colloredo. Pise, le 20 avril. 1 p. in-4.
Jolie lettre de condoléances sur la mort de l'épouse du comte.

427. **LE MÊME.**
1° L. sig. avec la souscription aut., à la reine Isabelle. Vienne, 20 mars 1790. 1/2 p. in-fol. Cachet. 2° L. sig. en allemand. 13 décembre 1791. 1/2 p. in-fol. Cachet.

428. **LE MÊME.**
L. sig. deux fois, avec les souscriptions aut., au comte de Rageneck. Cadou, 5 juin et 6 juillet 1791. 4 p. in-4.
Importante lettre dans laquelle il lui annonce la fuite du roi et de la reine et de toute la famille royale, leur arrestation et leur délivrance... mon intention, en conséquence de cet événement décisif, est de seconder et d'appuyer toutes les demandes du roi de France à présent libre, soit en argent, déclaration à faire aux troupes, avec la plus grande force, énergie et vigueur, comme parent, allié et ami... dans l'autre partie de la lettre du 6 juillet il lui mande que la nouvelle de la délivrance du roi de France ne se confirme nullement, tandis que la nouvelle que le roi, la reine et la famille royale ont été arrêtés et transportés à Paris a acquis toujours plus de consistance... J'ai résolu en conséquence de faire tous les efforts imaginables pour empêcher au moins avec le concours des autres puissances, la suite des attentats qui pourront être faits contre leurs personnes... et voulant agir avec le concours de toutes les autres puissances, il lui mande qu'il a écrit à l'impératrice de Russie, aux rois de Prusse et d'Angleterre, d'Espagne, de Naples et de Sardaigne pour faire connaître à ces cours ses intentions et leur envoyer un projet de déclaration commune à faire.

429. **LÉOPOLD**, archiduc d'Autriche, frère de Ferdinand II et son général.

1° L. sig. avec 2 lignes aut. au g[al] Lamberg. 8 mai 1656. 1 p. in-fol. 2° 3 L. sig. au même. 1657. 5 p. in-fol. Détails militaires.

430. **LÉOPOLD I**[er], roi des Belges.

L. aut. sig. au général Alava. Tuileries, 27 juillet 1836. 4 p. pl. in-8. Enveloppe et cachet. Jolie lettre.

431. **LE MÊME.**

L. aut. sig. Laken, 16 avril 1840. 5 p. 1/2 in-4. Belle lettre.

432. **LESSING** (Gotthold-Ephraim), célèbre écrivain allemand.

L. aut. sig. en allemand. Wittemberg, 1er novembre 1752. 4 p. pl. in fol.

Relative à des travaux littéraires.

433. **LIEVEN** (Christophe, prince de), ministre plénipotentiaire.

L. aut. sig. en français. Londres 1826. 4 p. pl. in-4.

LIEVEN (Dorothée, princesse de), femme du précédent.

1° L. aut. sig. en français. Londres, 1er septembre 1827. 4 p. in-4. Très-curieuse lettre politique.

2° L. aut. sig. 1829. 2 p. 1/2 in-8, plus 2 billets aut.

434. **LICHNOVSKY** (Félix), agent de don Carlos.

2 L. aut. sig. *F. L.* au comte de Labrador. 19 et 26 juin 1839. 8 p. in-4.

Curieuses lettres dans lesquelles il raconte sa fuite et les aventures qui lui sont arrivées.

435. **LIGNE** (le prince de), feld maréchal autrichien et russe, littérateur, auteur de *Mémoires*.

L. aut. sig. à Mme *** le 1er juin 1812. 4 p. pl. in-4.

Charmante et gracieuse lettre à l'auteur du roman d'*Agathoclès*.

436. **LE MÊME.**

1° Pièce de vers aut. Teplitz, 9 août 1810. 1 p. 1/2 gr. in-fol.
2° Pensées diverses aut. 2 p. 1/2 in-8.

437. **LINNÉ** (Charles), célèbre naturaliste suédois.

L. aut. sig. en latin à Latourette, botaniste à Lyon. Upsal, 30 juillet 1770. 2 p. 3/4 in-4. Cachet.

Très-belle lettre toute scientifique.

438. **LIONNE** (Hugues de), ministre d'État, né en Dauphiné.

L. aut. sig. à M. Dandilly. 1662. 1 p. in-4. Cachet et soies.

439. **LE MÊME.**

L. aut. sig. *s. d.* 3 p. in-4.

440. **LOPE DE VEGA CARPIO** (Félix), célèbre poëte lyrique et dramatique espagnol.

Manuscrit aut. en vers espagnols, de 63 p. in-8.

Petits poëmes mystiques en l'honneur du saint-sacrement pour le jour de Noël et pour celui des Rois et aventures de la bohémienne.

Les petites pièces de ce genre étaient composées pour être représentées sur le théâtre.

441. **LORRAINE** (Ch. Henri de), prince de Vaudemont, gouverneur de Milan.

Lettre terminée par une page 1/2 aut. sig. Bruxelles, 21 mai 1681. 7 p. in-fol.

442. **LOSPITAL** (Michel de), chancelier de France, poëte.

L. sig. avec la souscription aut. au roi. 6 janvier 1547. 2 p. in-fol. Cachet. Belle pièce.

443. **LOUIS XII**, roi de France.

L. sig. à Charles d'Amboise. Blois 1509. 3 p. in-fol.

Il lui donne des instructions sur la conduite qu'il doit tenir avec les gens de Maximilien Ier, en suite de la prise de Montcelse.

444. **LOUIS XIII**, roi de France.

L. aut. sig. à sa mère. Laleu, 1er octobre 1628. 2 p. 1/2 in-4. Cachets et soies.

Il mande qu'il est venu un avis de La Rochelle que les ennemis devaient faire une sortie de 2000 hommes par terre en même temps que les Anglais feront leur attaque par mer, et que voyant cela il a fait mettre 4500 hommes sous les armes pour s'opposer à cette tentative.

445. **LOUIS XIV**, roi de France.

L. sig. à l'empereur d'Autriche. Versailles, 21 janvier 1666. 1 p. pl. in-4. Cachets et soies.

Belle lettre de condoléances sur la mort de sa mère Anne d'Autriche.

446. **LOUIS XV**, roi de France.

L. aut. sig. à l'évêque de Rennes. Versailles, 24 décembre 1745. 3/4 de p. in-4. Cachet.

447. **LE MÊME.**

L. sig. à la reine de Hongrie. Versailles, 16 novembre 1773. 1 p. in-4. Cachets et soies.

Notification du mariage de son petit-fils le comte d'Artois.

448. **LOUIS XVI**, roi des Français, décapité en 1793.

L. aut. sig. à Marie Thérèse, sa belle-mère. Versailles, 1er octobre 1778. 1 p. pl. in-4. Enveloppe et cachet.

Il lui fait part de la grossesse de son épouse et lui demande de tenir sur les fonts baptismaux l'enfant qui doit venir... J'espère qu'un jour il se rendra digne de sa grand'mère...

449. **LE MÊME.**

L. aut. sig. à son oncle le roi d'Espagne. Versailles, 8 décembre 1786. 2 p. in-4. Cachets et soies. Belle lettre.

Il intercède auprès du roi et le prie de réintégrer le roi de Naples son fils dans ses bonnes grâces.

450. **LOUIS XVIII**, roi de France.

L. aut. sig. à sa sœur. Mittau, 11 septembre 1798. 1/2 p. in-4.

...L'amitié de l'empereur de Russie pour moi l'a engagé à traiter avec l'empereur d'Allemagne pour ce qui regarde le mariage que nous désirons tant; l'empereur d'Allemagne y a mis toute la grâce et la bonne volonté possible, tous les consentements sont donnés, il ne reste plus qu'à régler quelques articles subsidiaires dont les détails impatientent votre fils...

451. **LE MÊME.**

L. aut. à la comtesse de Balbi. Hamm, 15 mars 1793. 1/2 p. in-8. Cachet.

Marie-Joséphine-Louise, femme du précédent.

L. sig. avec la souscription aut. à l'impératrice d'Autriche. 31 janvier 1779. 1 p. in 4. Cachets et soies. Très-jolie lettre.

452. **LE MÊME.**

Dissertation aut. sur le clergé, en réponse à un écrit publié sur le même sujet. 3 p. in-4.

...On ne peut, au reste, qu'être de l'avis de l'auteur, lorsqu'il dit que les ecclésiastiques hors de France n'y doivent pas rentrer. S'ils refusaient l'acte de soumission, ils s'exposeraient à un trop grand danger, s'ils le faisaient, ils donneraient un grand scandale et ils ne pourraient plus agir contre la république, sans s'exposer à passer pour parjures, bien différents en cela des prêtres actuellement en France qui ne font que céder à la violence, au lieu que les rentrants agiraient en pleine liberté...

453. **LOUIS-PHILIPPE Ier**, roi des Français.

L. aut. sig. au comte Fernand Nunez. Twickenham, 2 avril 1816. 1 p. pl. in-4.

454. **LE MÊME.**

1° L. aut. sig. *D.* 9 février 1840. 1/2 p. in-8.
2° L. sig. au ministre. Saint-Cloud 1845. 1/2 p. in-4.

455. **LOUIS**, dit *le Grand-Dauphin*, fils de Louis XIV.

L. aut. sig. Versailles, 10 juin 1696. 2 p. 1/2 in-4.

456. **LE MÊME.**

Thème aut. avec corrections de Bossuet. 10 p. in-4.

457. **LOUIS DAUPHIN**, fils de Louis XV, père de Louis XVI.

L. aut. sig. à M. de Montmartel. Versailles, 6 octobre 1751. 1/2 p. in-4. Enveloppe et cachet.

458. **LOUIS V**, électeur de Bavière, dit *le Pacifique*.

L. sig. 27 octobre 1519. 1 p. in-fol. Cachet.

459. **LOUISE DE BOURBON**, duchesse de Parme, épouse de Charles III, fille du duc de Berry.

L. aut. sig. à la duchesse de Gontaut. Massa, 19 septembre 1843. 3 p. in-8.

Très-curieuse lettre dans laquelle elle parle de la révolution arrivée à Lucques que son beau-père a été obligé de quitter, son mari a montré une grande énergie, ce qui lui a attiré bien des désagréments.

460. **LOUISE D'ORLÉANS**, reine des Belges.

L. aut. sig. Bruxelles 1843. 2 p. 1/2 in-4. Jolie lettre.

461. **LUTHER** (Martin), chef du protestantisme.

L. aut. sig. en allemand à M. Georges, chancelier de l'électeur de Saxe. 1528. 1/2 p. in-fol. Trace de cachet un peu jaunie par le temps.

462. **LE MÊME.**

Pièce aut. sig. en allemand. 1544. 2 p. in-12.

Citation de l'Évangile selon saint Matthieu.

463. **MABILLON** (Jean), savant bénédictin.

L. aut. sig. à l'abbé Huet, *s. d.* 1 p. pl. in-4.

464. **MAI** (Angelo), cardinal, bibliothécaire du Vatican.

L. aut. sig. au comte de Lutzow. 1836. 1. p. in-fol.

Tiraboschi (Jérôme), jésuite et littérateur italien.

L. aut. sig. Madère 1791. 1 p. in-4.

465. **MAINE** (L. A. de Bourbon, duc du), fils légitimé de Louis XIV et de Mad. de Montespan.

L. aut. sig. à M. de Bercy. Marly, 23 mai 1715. 1 p. in-4. Cachet.

Penthièvre (L. J. M., duc de), grand-amiral de France.

L. aut. sig. Rambouillet 1761. 2 p. 1/2 in-4.

466. **MAINTENON** (F^ise^ d'Aubigné, m^ise^ de).

L. aut. sig. à M. Amelot. Saint-Cyr, 18 novembre. 2 p. 1/2 in-4. Cachet.

467. **MAISTRE** (Xavier de), général et littérateur.

1° L. aut. sig. 1 p. in-8. 2° Deux petits billets aut. sig.

468. **MALET** (C. F. de), général connu par sa conspiration contre Napoléon.

L. aut. sig. Wissembourg, 1793. 1 p. in-fol.

469. **MANSFELD** (Ernest de). L'un des plus grands généraux du dix-septième siècle.

L. sig. en français avec la souscription aut. au duc de Lorraine. Ce 29 mars 1622. 1/2 p. in-fol. Cachet, légère déchirure.

470. **MANSFELD** (Ernest, c^te^ de), chanoine de Strasbourg.

L. sig. en français au maréchal de Bouillon. Strasbourg 1595. 1 p. in-fol.

Mansfeld (Wolfgang), lieutenant-général des troupes de l'électeur de Saxe.

L. sig. 1615. 1 p. in-fol.

Mansfeld (François de), ambassadeur en Espagne.

L. sig. en espagnol. Madrid 1690. 1 p. in-fol.

471. **MARAT** (J. P.), conventionnel et journaliste, assassiné en 1793.

L. aut. sig. à Cam. Desmoulins. 19 mai 1792. 1 p. 3/4 in-8. Belle lettre.

Les ennemis de la patrie l'ayant mis de nouveau sous le glaive de la tyrannie, il lui fait passer deux lettres à insérer dans la *Tribune des patriotes*... comme c'est un point important à la liberté, que les journalistes qui trahissent sa cause soient démasqués, je me flatte que vous y attacherez quelque prix...

472. **MARÉCHAUX DE FRANCE.** Trois lettres aut. sig.

Boufflers (L. F. de), 1691. 2 p. in-4. — Créquy (F. de), 1671. 1 p. pl. in-4. — Rosen, 1703. 1 p. in-4.

473. **MARÉCHAUX DE FRANCE.** Sept lettres aut. sig.

Belle-Isle, 1758. 1 p. 1/2 in-8. — Broglie (V. F. de), 1788. 3 p. in-4. — Maillebois, 1775. 1 p. 1/2 in-4. — Montmorency, 1737. 1 p. in-4. — Mouchy, 1785. 2 p. 1/2 in-4. — Roquelaure, 1713. 1 p. 1/2 in-4. — Soubise, 1785. 1 p. 1/4 in-4.

474. **MARÉCHAUX DE FRANCE.** Cinq lettres sig.

Biron (Ch. Gontaut de), décapité en 1602, pièce sur vélin. 1601. — Catinat, pièce avec 3 lignes aut. 1687. — Lauzun (Antonin Nompar de Caumont, duc de), pièce sur vélin. 1706. — Navailles, 1679. 2 p. in-fol. — Vendome (Louis de), pièce signée. 1702. 1/2 p. in-fol.

475. **MARÉCHAUX DE FRANCE.** Quatre lettres aut. sig.

Brune. Antibes, 13 juin 1815. 1/2 p. in-fol. — Clarke, 24 février 1815. 2 p. in-4. — Duroc, 1807. 1 p. in-4. Moncey, Paris, 24 avril 1814. 1 p. 1/2 in-4. relative à l'entrée du roi à Paris.

476. **MARÉCHAUX DE FRANCE.** Quatre lettres aut. sig.

Excelmans, 2 p. 1/2 in-4. — Pérignon, 1807. 2 p. pl. in-fol. — Serurier, an V. 1 p. in-4. — Suchet, 1806. 1 p. 1/2 in-4.

477. **MARÉCHAUX DE FRANCE.** Cinq lettres aut. sig.

Beurnonville. Paris 1815. 3 p. in-4. — Davout, an III. 1 p. in-4. — Grouchy, an IV. 1 p. in-4. — Lauriston, 1818. 1 p. in-4. — Mortier, 1814. 1 p. in-4.

478. **MARÉCHAUX DE FRANCE.** Huit lettres aut. sig.

Clarke, 1806. 1/2 p. in-fol. — Clausel, 1809. 1 p. in-4. — Gerard. 1 p. in-4. — Macdonald, 1811. 1 p. in-fol. — Maison, 1829. 2 p. in-4. — Molitor, 1821. 1 p. in-fol. — Oudinot, 1814. 1/2 p. in-fol. — Victor. 3/4 de p. in-8.

479. **MARÉCHAUX DE FRANCE.** Six lettres.

Lannes. Billet de 4 lignes aut. sig. — Marmont. 2 p. aut. et lettre sig. — Ney. L. et p. sig. — Sébastiani. Billet de 3 lig. aut. sig.

480. **MARÉCHAUX DE FRANCE.** Douze lettres sig.

Estrées. — Créquy. — Maillebois. — Marsin, etc.

481. **MARÉCHAUX DE FRANCE.** Sept lettres sig.

Augereau. 2 lettres. — Gouvion-Saint-Cyr. — Jourdan. 2 let. — Lefebvre et Sébastiani.

482. **MARÉCHAUX ALLEMANDS** (Feld). Trois lettres sig.

Daun (Léopold). L. sig. avec la souscription aut. en allemand. 7 janvier 1758. 2 p. in-fol. — Hadik (André). L. sig. en français. 1782. 2 p. in-4. — Loudon (Gédeon). L. sig. en allemand. 1759. 8 p. in-4.

483. **MARÉCHAUX** (Feld) **ALLEMANDS.** Six lettres.

Daun (Léopold). L. sig. 1758. 2 p. in-fol. — Hatzfeld (Melchior). L. sig. 1640. 1 p. in-fol. — Kalkreuth. L. aut. sig. en français. Berlin 1812. 1 p. in-4. — Colloneitz (Seyfried II). L. aut. sig. 1606. 1 p. in-fol. et 1. sig. 1 p. in-fol. Portrait. — Los Rios (le m^is de). L. sig. 1760. 3 p. in-fol. — Martinitz (le c^te de). L. aut. sig. en français. 3 p. 1/2 in-8.

484. **MARÉCHAUX** (Feld) **AUTRICHIENS.** Cinq lettres sig.

Bellegarde, 1814. 1 p. in-fol. — Frimont, 1814. 3 p. in-fol. — Hohenzollern (F^ois-Xavier), 1815. 1/2 p. in-fol. — Kleist de Nollendorff, 1814. 1 p. in-fol. — Zieten, feld maréchal prussien. L. aut. sig. 1834. 1 p. in-4.

485. **MARÉCHAUX** (Feld) **AUTRICHIENS.** Six lettres sig.

Clerfayt, 1795. 1/2 p. in-fol. — Hadick (André). 2 l. sig. en français. 1782. 3 p. in-4. — Lichtenstein (le p^ce Jean de), 1808. 1 p. in-fol. — Schwarzenberg (Ch. p^ce de), 1815. 3/4 de p. in-fol. — Schwarzenberg (Félix p^ce de). Billet de 5 lig. aut. sig.

486. **MARÉCHAUX** (Feld) et **GÉNÉRAUX ÉTRANGERS.** Onze lettres.

Breuner (Jean). L. sig. 1630. 1 p. in-fol. Cachet. — Dahlberg (Erich). L. sig. en suédois, 1673. 1 p. 1/2 in-fol. — Gardie (Magnus-Gabriel de la). L. sig. en suédois, 1652. 2 p. in-fol. — Geleen. L. sig. 1647. 1 p. in-fol. — Gunther, Prussien. L. aut. sig. 1745. 1 p. in-4. — Holstein (Ernest duc de), Espagnol. 3 l. sig. 1680 et 1690. 3 p. in-fol. — Lilie (Axel). L. sig. en suédois, 1645. 1 p. 1/2 in-fol. — Radowitz (le baron de). 2 l. aut. sig. 2 p. in-8.

487. **MARGUERITE DE VALOIS**, reine de France.

Reçu sur vélin de 11 grandes lignes aut. sig. 1612. 1/2 p. in-fol.

488. **MARGUERITE D'AUTRICHE**, fille de Maximilien Ier, gouvernante des Pays-Bas.

L. sig. 16 janvier 1512. 1 p. in-fol. Déchirure enlevant partie de 6 lignes de texte et un morceau de la première lettre de la signature.

489. **MARIE DE MÉDICIS**, reine de France.

L. aut. sig. au cardinal de Richelieu, *s. d.* 1 p. 1/2 in-4. Cachet et soies.

Elle lui fait part de la grande croyance que le roi a en lui.

490. **LA MÊME.**

L. aut. sig. à son fils, *s. d.* 1 p. pl. in-fol. Cachets et soies.
Belle lettre relative à l'entrée du roi à Paris.

491. **MARIE-THÉRÈSE**, impératrice d'Autriche, dite *la Grande*.

L. aut. sig. au comte Colloredo, *s. d.* 1 p. 1/2 in-4. Belle lettre.

492. **LA MÊME.**

1° Projet de lettre aut. au comte d'Artois. 1776. 1/2 in-4.

2° Apostille aut. de 12 lignes en marge d'un rapport. 1 p. in-fol.

3° L. sig. et contre-signée. Kaunitz 1765. 1 p. in-fol. Cach.

493. **LA MÊME.**

2 L. sig. 1774 et 1777. 3 p. in-4.

494. **MARIE FOEDORONA**, impératrice de Russie, femme de Paul Ier et mère de l'empereur Alexandre.

L. aut. sig. à l'empereur des Romains. Moscou, 13 octobre 1801. 1 p. pl. petit in-8. Enveloppe et cach. Entourages noirs.

Très-jolie lettre de remercîments de la part qu'il a prise à ses grands et cruels malheurs... Elle veut parler de la mort de son mari.

495. **LA MÊME.**

L. aut. sig. à la prince^sse^ de Liewen. St-Pétersb. 1826. 1 p. in-8.

Charmante lettre qui renferme un bel éloge du duc de Wellington qui vient de quitter la Russie... les circonstances malheureuses du moment n'ont pas permis de lui offrir les agréments d'une capitale, mais il a partagé avec cordialité et sensibilité nos chagrins et notre douleur... la cour portait le deuil de l'empereur Alexandre.

496. **MARIE-ANTOINETTE D'AUTRICHE**, reine des Français, décapitée en 1793.

L. aut. sig. au duc... 1 p. in-4. Jolie lettre.

...Mes petits spectacles de Trianon me paraissent devoir être exceptés des règles du service ordinaire. Quant à l'homme que vous tenez en prison pour le dégât commis, je vous demande de le faire relâcher..., et puisque le roi a dit que c'est mon coupable, je lui fais grâce...

497. **LA MÊME.**

L. aut. sig. à son frère. 26 novembre. 2 p. pl. in-4. Belle et importante lettre.

Elle lui mande que leur position avec le duc d'Orléans est toujours la même... Vous savez combien le roi est parfait pour moi, et il n'agit que d'après son cœur quand il est question de vous, je ne fais des vœux si ardents pour personne que pour vous, mais vous comprendrez que je ne sois pas libre aujourd'hui sur les affaires qui concernent la France, vraisemblablement je serais fort mal venue à m'en mêler, surtout sur une chose qui n'est pas acceptée au conseil, on y verrait faiblesse ou ambition, enfin, mon cher frère, je suis maintenant française avant d'être autrichienne, et en cela je ne fais que me conformer aux conseils que vous m'avez laissés par écrit, c'est le moyen de conserver l'estime et l'amitié du roi...

498. **MARIE**, reine de Hongrie.

L. sig. en français au connétable de Montmorency. Bruxelles 1838. 3/4 de p. in-fol.

499. **MARIE STUART**, reine de France et d'Écosse, décapitée en 1587.

L. aut. sig. Marie *R. d'Écosse D. de France*, à son cousin le duc de Guise, de Fothringhae, ce jeudi 23 novembre (1586). 2 p. 1/2 in-fol. Trace de cachet. Superbe et touchante lettre écrite après sa condamnation à mort.

...Je vous dis adieu, estant preste par injuste jugement d'Estre mise à mort, telle que personne de notre race (grace à Dieu) n'a jamays receue et moyns une de ma qualité, mays mon bon cousin loué en Dieu, car j'estoys inutile au monde, en la cause de Dieu et de son esglise, estant en l'estat où j'estoys et esperre que ma mort tesmoignera ma constance en la foy et promptitude de mourir pour le maintient et restauration de L'Esglise catolique en cette infortunée isle, et, bien que Bourreau n'ayt jamais mis la mayn en notre sang, n'en ayés honte, mon amy, car le jugement des herettiques et Ennemys de L'Esglise et quy n'ont nulle Juridiction sur moy, Royne libre, est profitable devant Dieu aux Enfants de son Esglise, sy Je leur adderoys, Je n'aurois ce coup, tous ceulx de nottre mayson ont tous esté persecuttés par cette secte, temoin votre bon père, avecques lequel J'Espère estre receue à mercy du juste juge... elle lui recommande ensuite tous ses serviteurs, et lui annonce qu'elle lui fera remettre une bague de rubis... elle termine sa lettre par le post-scriptum suivant... L'on m'avait pensant me dégrader, fayt abattre mon days, et depuys mon gardien m'est venu offrir d'escrire à leur Royne, disant n'avoyr fayt cet acte par son commandement mays par l'advis de quelques uns du conseil. Je leur ay monstré au lieu de mes armes au dit days la croix de mon sauveur...

500. **MARIE-LOUISE DE SAVOIE**, femme de Philippe V, roi d'Espagne.
L. aut. sig. Madrid, 5 septembre 1710. 1 p. 1/2 in-4. Jolie lettre.

501. **MARIE-LOUISE**, impératrice des Français.
L. aut. sig. au chevalier Foresti. Schœnbrunn, ce 11 août 1837. 1 p. pl. in-8. Enveloppe et cachet.

502. **MARIE-AMÉLIE**, reine des Français.
1° L. aut. paraphée à la duchesse de Gontaut. 23 janvier 1827. 3/4 de p. in-8.
2° Billet aut. de 4 lignes. 1838.

503. **MARIA** (dona), reine de Portugal.
L. aut. en français. Lisbonne, 30 décembre 1839. 3 p. in-8. Papier à entourages. Jolie lettre.

504. **MARIE-CHRISTINE**, reine d'Espagne.
L. aut. sig. en espagnol à Donoso-Cortès Paris, 4 septembre 1847. 1 p. pl. in-8. Papier, chiffre or. Jolie lettre d'amitié.

505. **LA MÊME.**
L. sig. en espagnol au sénat de Hambourg. Madrid, 5 octobre 1833. 1 p. pl. in-fol.
Notification de la mort de Ferdinand VII.

506. **MARIE-THÉRÈSE**, comtesse de Chambord.
L. aut. sig. à la duchesse de Gontaut. Froshsdorf, 7 mai 1847. 1 p. pl. in-8.
Charmante épître... Je suis charmée de pouvoir à mon tour, et de concert avec mon mari vous remercier des soins si tendres et si maternels que vous avez pris de ses jeunes années, et auxquels par conséquent je suis en partie redevable de mon bonheur...

507. **MARK** (Auguste, comte de la), prince d'Arenberg, célèbre par son dévouement pour Louis XVI et Marie-Antoinette et ses rapports avec Mirabeau.
L. aut. sig. à la princesse d'Arenberg. Bruxelles, 15 mars 1829. 1 p. pl. in-4. Cachet.

508. **LE MÊME.**
L. aut. à la même. Bruxelles, 26 décembre 1832. 2 p. 1/2 in-4.
Intéressante lettre politique, il est question de la duchesse de Berry.

509. **MARLBOROUGH** (Jean, duc de), grand capitaine.
L. aut. sig. à Saint-James, ce 22 novembre 1709. 3 p. in-4.
Relative au traité avec la Bavière.
MARLBOROUGH (Sara-Jennings, duchesse de), femme du précédent, célèbre par sa beauté, son esprit et son ambition.
Sa signature sur une pièce découpée. 1626.

510. **MARMONTEL** (J. F.), littérateur, de l'Acad. fr.
1° Projet de L. aut. Paris 18 avril 1769. 2 p. 1/2 in-4. Toute philosophique. 2° Pièce signée. 1790.

511. **MARNIX** (Philippe de), baron de Sainte-Aldegonde, défendit courageusement, en qualité de bourgmestre, la ville d'Anvers contre le duc de Parme.
Pièce aut. sig. 17 décembre 1589. 1 p. in-fol.

512. **MARTINUSIUS** (Georges), régent de Transylvanie, tuteur de Jean-Sigismond, d'une avarice sordide, amassa d'immenses trésors et fut assassiné en 1548 par ordre de l'empereur Ferdinand.
L. aut. sig. 1544. 3/4 de p. in-fol. *Rare.*

513. **MASSÉNA** (A.), prince d'Essling, maréchal de France.
L. aut. sig. à Gally. Ruel, 8 thermidor. 1 p. 1/2 in-4.

514. **MATHIAS**, empereur d'Autriche.
L. sig. en allemand au duc Ferdinand. 1611. 2 p. 1/2 in-fol. Cachet.

515. **MATTHISSON** (Fréd.), poëte allemand.
L. aut. sig. *M.* à M. Haug, à Florence, 22 novembre 1819. 3 p. pl. in-8. Toute littéraire.

516. **MAUPERTUIS** (P. L. de), géomètre et mathématicien.
L. sig. avec 5 lignes aut. 1 p. in-4.

517. **MAXIMILIEN Ier**, empereur d'Allemagne.
1° L. sig. aux échevins de Metz. Bruges, 15 mai 1487. In-fol. en travers. Cachet. Très-belle pièce.
2° L. sig. de son monogramme, en allemand. 1508. 1 p. in-fol.

518. **MAXIMILIEN II**, empereur d'Allemagne.
L. aut. sig. en espagnol au prince de Florence. 1566. 3/4 de p. in-fol. Trace de cachet.

519. **LE MÊME.**
L. sig. en allemand. 1566. 1 p. 1/2 in-fol. Trace de cachet.

520. **MAXIMILIEN Ier**, duc de Bavière.
L. sig. 1619. 3/4 de p. in-fol. Cachet.
MAXIMILIEN II (Emmanuel), électeur de Bavière.
L. sig. à Charles II. 1689. 1 p. 1/2 in-fol. Cachet.

521. **MAYENNE** (Ch. de Lorraine, duc de), lieutenant-général pour la ligue.
L. aut. sig. à M. le duc de Luxembourg de Paris. *s. d.* 1 p. pl. in-fol. Cachet. Très-belle lettre.

522. **MAZARIN** (Jules, cardinal), premier ministre.
L. sig. avec 7 lignes aut. à M. de Rubentel. Paris 29 décembre 1655. 1 p. pl. in-4. Cachet.

523. **MAZARREDO** (Jh Marie), célèbre amiral espagnol.
L. aut. sig. en espagnol, à bord de la *Sainte-Trinité* à Cadix. 20 avril 1781. 4 p. pl. in-4.
Relative à l'escadre espagnole qui devait agir contre Gibraltar, il se plaint amèrement de la conduite de la France.

524. **MEERWELD** (le cte de), général et ambassadeur.
1° L. sig. à M. Genotte. Londres, 27 avril 1814. 3 p. in-4.
Annonce de l'embarquement de Louis XVIII pour Calais, du départ de Marie-Louise pour Vienne, et de Napoléon pour l'île d'Elbe sous escorte et accompagné d'un officier général de chaque puissance alliée.
2° L. sig. Londres, 20 mai 1814. 4 p. in-4.
Annonce de la signature du traité de paix avec la France.

525. **MELANCHTON** (Philippe), célèbre réformateur, ami de Luther.
L. aut. sig. en latin à Niebruck. 1554. 1 p. 1/2 in-fol. Trace de cachet. Belle lettre.

526. **LE MÊME.**
Diplôme imprimé de prédicateur du Saint-Évangile, délivré à Albert Wedelin, rempli et signé par Mélanchton qui a ajouté sur le second feuillet un certificat aut. de 7 grandes lignes. Wittemberg, 1555. 2 p. 1/2 in-fol. Deux cachets. Cette belle pièce est encore revêtue de 5 autres signatures de réformateurs.

527. **MENTSCHIKOFF** (le prince de), célèbre maréchal russe.
L. sig. en français. Nicolaïef, ce 30 septembre 1828. 2 p. in-4.
Il attend avec impatience la nouvelle de la prise de Varna.

MENZIKOW (Alexandre), feld maréchal.

Pièce sig. Moscou, 24 mars 1710. In-fol. en travers. Cachet.

528. **MENZEL** (Ch. Adolphe), historien et littérateur allemand.

1° Projet de lettre aut. en allemand. 1817. 1 p. 3/4 in-4.
2° Pensées aut. 7 lig. in-8 en travers.

529. **MERCATOR** (Gérard), célèbre géographe.

L. aut. sig. en latin à D. André Masio. 22 mai 1567. 2 p. 1/2 in-fol.

La signature est intacte, mais la lettre, qui est toute scientifique, a été mangée pour un quart par les rats.

530. **MERLIN** (Ph. A.), conventionnel et ministre.

L. aut. sig. à Palloy. Douai, 27 juin 1792. 1 p. in-4. Cachet.

Relative au jugement du citoyen Cambier, détenu dans les prisons de Douai.

531. **METTERNICH** (le prince de), célèbre ministre autrichien.

L. aut. sig. au prince de Cariati. Langres, 28 janvier 1814. 1 p. in-4.

...Nous lèverons probablement après-demain le quartier-général de Langres, le prince de Schwarzemberg se trouve depuis hier à Chaumont, les armées s'avancent sur tous les points...

532. **LE MÊME.**

L. aut. sig. en allemand. 1825. 2 p. 1/2 in-4.

533. **LE MÊME.**

L. aut. sig. au comte. 1836 ou 1837. 2 p. 1/4 in-4.

Très-curieuse lettre relative à la Hongrie.. Les aristocrates y font de la démocratie et les démocrates y font de la monarchie, les premiers veulent paraître et les seconds voudraient parvenir. Tous les mots vuides de sens à force d'être larges dans leur acception possible, ces mots qui ont fait les révolutions dans le cours des cinquante dernières années et qui disent tout à force de ne rien représenter, si ce n'est que chacun veut y trouver de son plein gré, ces paroles ont pénétré en Hongrie... Il parle ensuite de la dernière révolution de Pologne... les plus démagogiques bâbleurs sont les plus craintifs à l'égard des conséquences de leurs phrases... si le mal devait se faire jour, ce seront les tribuns qui les premiers deviendront les victimes de ce qu'ils disent et ne veulent pas...

534. **MICHEL** (le grand-duc), frère de l'empereur Alexandre.

L. aut. sig. en français. 22 janvier 1833. 1 p. pl. in-4.

535. **MINISTRES.** Huit lettres aut. sig.

BARBEZIEUX, 1694. 3 p. in-4. — D'ARGENSON, 1748. 1 p. in-4. — CHAMILLARD. 1695. 2 p. 1/2 in-4. — CHOISEUIL, 1768. 2 p. in-8. — LETELLIER, 1550. 1 p. 1/4 in-4. — PONTCHARTRAIN. 1711. 1 p. in-4. — VERGENNES (Gravier de), 1772 et 1780. L. aut. et L. aut. sig. 5 p. in-4.

536. **MINISTRES.** Six lettres aut. sig.

BIGOT DE PRÉAMENEU, an XI. 3/4 de p. in-4. — CHAMPAGNY. 1810. 1/2 p. in-4. — CHAPTAL. 1 p. in-4. — DARU, 1827. 1 p. 1/2 in-4. — GAUDIN, an XII. 1 p. in-4. — MARET. 1 p. in-fol.

537. **MINISTRES.** Sept lettres aut. sig.

CALONNE, 1786. 1 p. in-4. — DECRÈS, an IX. 2 p. in-4. — GUIZOT, 1846. 1 p. in-8. — HYDE DE NEUVILLE, 1819. 1 p. in-8 — LAFFITTE, 1850 — REGNIER, duc de Massa, 1813. 1 p. in-fol. — SAVARY, duc de Rovigo. 1814. 1 p. in-4.

538. **MINISTRES.** Huit lettres aut. sig.

BARROT (Odilon). 1 p. in-8. — BARTHE. 1 p. in-4. — BOURRIENNE. 1/2 p. in-4. — GUIZOT. 1. pl. in-12. — MOLÉ. 1 p. in-8. — PASQUIER, 1820. 1 p. 3/4 in-4. — SALVANDY. 3 p. 1/2 in-12. — VILLÈLE, 1816. 1 p. in-fol.

539. **MINISTRES.** Six lettres aut. sig. et 24 lettres sig.
Barante, 2 lettres. 2 p. in-8. — Maret, 1809. 3 p. in-fol — Molé. 2 lettres. 1 p. 1/2 in-8. — Salvandy. 1 p. in-8., etc.

540. **MINISTRES ALLEMANDS.** Onze lettres.
Lamberg (Jean). 2 l. aut sig., 1 l. aut. et 1 l. sig. 1669. 9 p. in-fol. — Sinzendorf (G. Louis). 4 l. sig. 1664. 5 p. in-fol. Cachets. — Zichy. L. aut. sig. et 2 l. sig. 1788. 3 p. in-4.

541. **MINISTRES ALLEMANDS.** Six lettres.
Colloredo. L. sig. 1762. 3 p. in-4. — Haugwiz. L. sig. 1806. 1 p. in-4. — Hertzberg. L. sig. 1773. 1 p. in-4. — Lucchesini. L. aut. sig. An XI. 1 p. in-4. — Mercy Argenteau. L. sig. 1759. 2 p. in-fol. — Trauttmansdorff. 2 l. sig. 1789. 3 p. in-fol.

542. **MINISTRES ALLEMANDS.** Neuf lettres.
Dietrichstein (Max). L. sig. 1643. 1 p. 1/2 in-fol. Portrait. — Dietrichstein (Ferd. Jh). 4 l. sig. de 1681 à 1694. 7 p. in-fol. — Harrach (Ferd. B., cte d'). L. sig. 1676. 2 p. in-fol. Hoyos (J. Balthazar II, cte d') 2 l. aut. sig. 1678. 5 p. in-fol. Jorger (Jean), ministre et auteur. L. aut. sig. 1677. 1 p. in-fol.

543. **MINISTRES ET DÉPUTÉS.** Sept lettres.
Aranda (le cte d'). L. sig. 1792. 2 p. 1/2 in-4. — Drouyn de Lhuys. L. aut. sig. 1 p. in-8. — Montesquiou (l'abbé de). L. aut. sig. 1 p. in-4. — O'Connel (Daniel). Adresse de l. aut. sig. — Pozzo di Borgo. L. aut. sig. 1 p. in-8. — Royer-Collard. L. aut. sig. 1818. 2 p. 1/2 in-4. — Turgot. L. aut. sig. 1852. 1 p. in-8.

544. **MIRABEAU** (le cte de), célèbre constituant.
L. aut. sig. à M. Rougemont, gouverneur de Vincennes. 24 décembre 1778. 1 p. pl. in-8. Cachet.

545. **MOLLENDORFF** (N.), célèbre feld maréchal prussien.
L. aut. sig. en allemand. Berlin, 9 juillet 1788. 1 p. pl. in-4.

546. **MONCADE** (Fois de), marquis de Aytona, généralissime de l'armée des Pays-Bas.
L. sig. en français au président du parlement de Dôle. 30 mars 1634. 3/4 de p. in-fol. Trace de cachet.

547. **MONTAGU** (Édouard), comte de Sandwich, amiral et homme d'État anglais.
Deux l. sig. avec la souscription aut. à l'ambassadeur d'Allemagne. 1668. 2 p. in-fol.

548. **MONTALEMBERT** (Charles, cte de), député, de l'Ac. fr.
Trois l. aut. sig. 3 p. in-8.

549. **MONTESPAN** (F. Athénaïs de Rochechouart, marquise de), maîtresse de Louis XIV.
L. aut. à Huet, évêque d'Avranches. Versailles, ce 3 septembre 1690. 7 p. pl. in-4. Cachet. Très-belle lettre.

550. **LA MÊME.**
L. sig. *s. d.* 3 p. 1/2 in-4.

551. **MONTESQUIEU** (Ch. Secondat de), célèbre auteur de *L'esprit des lois.*
L. aut. sig. à M. Dortous de Mairan. La Brude, ce 26 octobre 1721. 3 p. pl. in-4.

552. **MONTI** (Vincent), l'un des plus célèbres poëtes italiens.
L. aut. sig. en italien, *s. d.* 1 p. pl. in-4. Cachet.

553. **MONTMORENCY** (Fois de), maréchal de France, gouverneur du château de Nantes.
L. sig. avec la souscription, aut. au roi François II. Compiègne, 8 mars 1557. 1 p. in-fol.

554. **MONTMORENCY** (Henri Ier, duc de), maréchal et connétable de France.
1° L. sig. à M. de Lorraine. 1600. 1 p. in-fol.
2° L. sig. Chantilly, 1611. 3/4 de p. in-fol. Cachet.

555. **MONTMORENCY** (Anne de), connétable de France.
L. aut. sig. à M. de Villandry. Narbonne, ce 5e jour d'octobre. 1 p. pl. in-fol.
Demande d'argent pour payer ses soldats.

556. **LE MÊME.**
L. aut. sig. à M. de Montessuy, *s. d.* 1 p. pl. in-fol.

557. **LE MÊME.**
L. sig. avec la souscription aut. à la reine sa souveraine dame. Orléans, 29 octobre 1562. 1 p. in-fol.

558. **LE MÊME.**
L. sig. avec la souscription aut. 21 juillet 1563. 1 p. in-fol.

559. **LE MÊME.**
L. sig. à M. de Basse-Fontaine. Blois, 24 février 1556. 1 p. pl. in-fol. Trace de cachet. Belle lettre.

560. **MONTMORENCY** (Henri II de), maréchal de France, décapité en 1632.
L. aut. sig. *s. d.* 1 p. pl. in-4.

561. **MONTPENSIER** (A. M. L. d'Orléans, duchesse de), dite *Mademoiselle*, auteur de *Mémoires*.
L. aut. sig. au duc d'Aumale. Saint-Germain, ce 26 décembre 1638. 1 p. in-4. Cachet. Un peu déchirée dans le fond.

562. **MONTPENSIER** (A. d'Orléans, duc de).
L. aut. sig. Vincennes, *s. d.* 2 p. in-8.

563. **MOORE** (Thomas), poëte, ami de lord Byron.
L. aut. sig. en anglais à J. Murray. 1 p. in-4. Cachet.

564. **LE MÊME.**
L. aut. sig. en anglais. 1837. 1 p. in-8.

565. **MOREAU** (J. Victor), général en chef.
1° L. aut. sig. au cit. Rivaud. 3/4 de p. in-8. 2° L. aut. sig. Morisville. 1810. 1 p. 1/2 in-4. Écrite à la suite d'une lettre aut. sig. de sa femme.

566. **MOSER** (J. J.), célèbre publiciste allemand.
Pièce aut. 1767. 3 p. 1/2 in-8.
Sommaire des passages qui se trouvent dans l'*Histoire de Nimes*, de Ménard, et qui concernent les Templiers.

567. **MOZART** (Wolfgang), illustre musicien allemand.
1° L. aut. à son père. 1781. 3/4 de p. in-4. Cachet.
2° Chanson avec musique, aut. sig. 1 p. 1/2 in-4.
MOZART (Léopold), maître de chapelle, père du précédent.
Musique avec paroles aut. 1 p. 1/2 in-4.

568. **MULLER** (Jean), historien suisse.
L. aut. sig. en allemand. 24 novembre 1772. 1 p. 1/2 in-8.

569. **LE MÊME.**
L. aut. sig. en français. 1803. 1/2 p. in-4.

570. **MURAT** (Joachim), roi de Naples.
Autorisation aut. sig. au général Ramel de rester à Paris. 3/4 de p. in-8.

571. **MURATORI** (L. A.), savant illustre.
L. aut. sig. à Torlosia, 1725. 2 p. in-4.

572. **LE MÊME.**
L. aut. sig. Modène, 5 août 1718. 1 p. in-fol.

573. **NAPIER** (Charles), célèbre amiral anglais.
L. aut. sig. en anglais, 10 juillet 1848. 1 p. in-8. Cachet.

574. **NAPOLÉON Ier**, empereur des Français.
L. aut. à son frère Joseph. Au quartier-général à Tortonne, le 27, à 8 heures du soir, an IV. 1 p. 1/2 in-fol. Adresse, cachet, tête impr. et vignette. Très-belle lettre.
Il est au désespoir de savoir sa femme malade, sa tête n'y est plus et des pressentiments affreux agitent sa pensée ; il conjure son frère de lui prodiguer tous ses soins... Après ma Joséphine tu es le seul qui m'inspire encore quelqu'intérêt ; rassure-moi, parle-moi vrai, tu connais mon amour, tu sais comme il est ardent, tu sais que je n'ai jamais aimé, que Joséphine est la première femme que j'adore, sa maladie me met au désespoir... Il se plaint de ce qu'on ne lui écrit plus, puis il ajoute... si elle se porte bien, qu'elle puisse faire le voyage, je désire avec ardeur qu'elle vienne, j'ai besoin de la voir, de la presser contre mon cœur, je l'aime à la fureur et je ne puis plus rester loin d'elle. Si elle ne m'aimait plus, je n'aurais plus rien à faire sur la terre. Oh ! mon bon ami, fais en sorte que mon courrier ne reste que six heures à Paris, et qu'il revienne me rendre la vie... Adieu, mon ami, tu seras heureux, je fus destiné par la nature à n'avoir de brillant que les apparences...

575. **LE MÊME.**
L. aut. sig. *B.* avec paraphe à Joséphine. Genève, le 21. 3/4 de p. in-4. Jolie vignette de Roger.
...Je suis à Genève, j'en partirai cette nuit, je t'aime beaucoup... je désire que tu m'écrives souvent et que tu sois persuadée que ma Joséphine m'est bien chère...

576. **LE MÊME.**
L. sig. au général Lespinasse, au quartier-général de Montebello, le 28 prairial an V. 1/2 p. in-fol. tête impr. et vignette.

577. **LE MÊME.**
L. sig. *Napoléon* à... Paris, 26 janvier 1808. 1/2 p. in-4.

578. **NARVAEZ** (don Ramon), duc de Valence, maréchal et premier ministre d'Espagne.
L. aut. sig. en français au comte Esterhazy. Octobre 1849. 2 p. pl. in-8.
Très-jolie lettre écrite au moment de sa retraite des affaires publiques.

579. **LE MÊME.**
L. aut. sig. en français, *s. d.* (mars 1849). 1/2 p. in-4.

580. **LE MÊME.**
L. aut. en espagnol au comte Esterhazy *s. d.* 1 p. in-8.

581. **LE MÊME.**
L. aut. sig. en espagnol, au même. 29 mai 1847. 1 p. 1/2 in-4.
Remercîments empressés de l'envoi à lui fait par le comte, du portrait du maréchal Radetski.

582. **LE MÊME.**
2 L. aut. sig. en espagnol au même, *s. d.* 2 p. 1/2 in-4.

583. **LE MÊME.**
3 L. aut. sig. en espagnol au même. 1849 et 1850. 5 p. in-8.

584. **NASSAU** (Maurice de), prince d'Orange, grand capitaine.
L. sig. avec la souscription aut. à M. de Sillery, garde des sceaux. 16 octobre 1605. 2 p. in-fol. Cachet.

585. **NECKER** (Jacques), ministre de Louis XVI.

L. aut. sig. *s. d.* 2 p. 1/2 in-4.

Il se plaint d'une contrefaçon de son compte-rendu au roi.

586. **NEIPPERG** (Guil. Reinhard, c[te] de), feld maréchal autrichien.

L. aut. sig. en français. Dresde, le 3 février. 3 p. pl. in-4. Plus une page aut. de vers faits sur son mariage.

Neipperg (Léopold, c[te] de), fils du précédent, ambassadeur.

L. sig. avec la souscription aut. Vienne, 1774. 2 p. in-fol.

587. **NEMOURS** (L. Ch. d'Orléans, duc de).

L. aut. sig. *N.* Laken, 18 octobre 1850. 1 p. pl. in-8.

588. **NESSELRODE** (le c[te] de), célèbre ministre russe.

L. aut. sig. à M. Oseroff, chargé d'affaires de l'empereur de Russie à Berlin. Saint-Pétersbourg, 31 août 1841. 1 p. in-4. Cachet.

Relative au voyage de l'empereur pour Varsovie.

589. **LE MÊME.**

L. aut. sig. au comte de... 1843. 1 p. 1/2 in-4.

Renvoi de dépêches qui lui avaient été remises... Dans le nombre se trouve la nouvelle d'une révolution éclatée à Athènes, à la suite de laquelle le roi Othon se serait vu forcé d'accorder une constitution à la Grèce...

590. **LE MÊME.**

3 L. aut. sig. 1842 et 1845. 3 p. 1/2 in-8.

591. **NICOLAS Ier**, empereur de Russie.

Réponse aut. au crayon de 21 grandes lignes au bas d'une importante lettre aut. sig. du général Langeron, à Rouho-di-Védé, ce 12 août 1828. 2 p. 3/4 in-fol.

Langeron donne des détails très-importants à un général à Odessa sur les événements de la guerre avec les Turcs, afin que sa lettre soit transmise à l'empereur qui fait de sa main la réponse suivante... Répondez à Langeron que quoique il fût très à désirer que la petite Valachie nous reste; que cependant la défendre à outrance n'est jamais entré dans notre plan de campagne, que c'est l'Olta et la grande Valachie qu'il doit s'attacher le plus à défendre et que je compte sur lui pour remplir ce but important... Il parle des bataillons qu'il a dû recevoir, et l'engage à publier très-haut l'arrivée de ces renforts et du passage du corps de Scheshatof.

592. **NICOLAS D'ANJOU**, duc de Lorraine, fils de Jean II, se ligua avec Charles-le-Téméraire contre Louis XI.

L. sig. aux échevins de la ville de Metz. Tours, le dernier jour de janvier 1458. 1 p. in-4. Cachet. Belle pièce.

593. **NICOLE** (Pierre), célèbre moraliste.

L. aut. sig. à M. Vallant. 1683. 3 p. in-8. Cachet.

Très-jolie lettre relative à Mabillon et à un passage de Saint-Bernard.

594. **NOAILLES** (L. A., cardinal de), archevêque de Paris.

L. aut. sig. à l'abbé Bossuet. Paris, 26 janvier 1698. 2 p. pl in-4. Belle lettre.

595. **ORLÉANS** (Philippe d'), régent de France.

L. sig. à l'empereur d'Autriche. Versailles, 5 septembre 1715. 2 p. in-4. Cachets.

Belle lettre de condoléances sur la mort de Louis XIV, et notification de son titre de régent.

596. **ORLÉANS** (Louis, duc d'), dit *l'abbé de Sainte-Geneviève*, fils du précédent.

1° L. aut. sig. Paris, 17 juin 1751. 2 p. pl. in-4.

2° L. sig. à l'empereur d'Autriche. Paris, 6 février 1749. 1 p. in-fol.

Lettre de condoléances sur la mort de sa mère.

597. **ORLÉANS** (F^ise^ Marie de Bourbon, duchesse d'), femme du régent, fille légitimée de Louis XIV.
L. aut. sig. à Monseigneur... Paris, 10 décembre 1731. 3 p. in-4.
Jolie lettre dans laquelle elle fait part du mariage de sa fille la duchesse de Chartres avec le prince de Conti.

598. **ORLÉANS** (Philippe, duc d'), frère de Louis XIV.
L. sig. à l'empereur d'Autriche. Versailles, 18 décembre 1700. 1 p. pl. in-4. Cachet et soies.
Jolie lettre de compliments sur la naissance d'un fils de l'empereur.

599. **ORLÉANS** (L. Ph., duc d'), père de Philippe Égalité.
L. aut. sig. à l'impératrice, reine de Hongrie. Saint-Cloud, 11 février 1759. 2 p. in-fol. Enveloppe et cachet.
Notification de la mort de la duchesse d'Orléans sa femme.

600. **ORLÉANS** (L. P. J. d'), surnommé *Égalité*, membre de la Convention, décapité en 1794.
Protestation aut. sig. contre un arrêté de l'assemblée de la noblesse. Versailles, 28 mai 1789. 1 p. pl. in-8, aussi signée par Charles Lameth et le comte de Croix.

601. **ORLÉANS** (Ferd. Ph., duc d'), prince royal.
L. aut. sig. au général Alava, *s. d.* 1 p. in-8.

602. **LE MÊME.**
L. aut. sig. à M. Raoul, *s. d.* 1 p. in-8.
Hélène, princesse de Mecklembourg, femme du précédent.
L. aut. sig. *s. d.* 1 p. 1/2 in-8.

603. **ORLOFF** (Alexis, c^te^), général et ministre russe, signataire du traité de paix de 1856.
L. aut. sig. 26 septembre 1836. 3 p. pl. in-4.
Lettre relative à un accident arrivé à l'empereur Nicolas.

604. **OUBRIL** (Pierre d'), célèbre diplomate russe.
L. aut. sig. Francfort-sur-le-Mein 1841. 1 p. pl. in-4.

605. **OUVAROFF** (Serge, c^te^), ministre de l'instruction publique, président de l'Acad. des sciences de Saint-Pétersbourg.
L. aut. sig. en français. Saint-Pétersbourg, 23 mai 1828. 4 p. in-4.
Dans cette lettre, écrite à un général, il lui recommande que s'il entre à Sainte-Sophie, de ne pas oublier de préserver la bibliothèque.

606. **OXENTIERN** (Benoît), chancelier de Suède.
L. sig. en allemand. Stockholm, 7 mars 1695. 2 p. 1/2 in-fol. Cachet.
Oxentiern (Gabriel, comte d').
L. sig. 21 octobre 1624. 1 p. in-fol. Cachet.

607. **OXENTIERN** (Axel, c^te^ d'), célèbre chancelier de Suède.
L. sig. avec la souscription de 3 petites lignes, aut. sig. 27 août 1633. 1 p. in-fol. Cachet.

608. **LE MÊME.**
L. sig. avec la souscription aut. 26 octobre 1633. 1/2 p. in-fol. Cachet.

609. **PACCA** (Barthélemy), cardinal, auteur de *Mémoires*.
L. aut. sig. en italien au duc de Rohan. Rome 1811. 2 p. in-4.

610. **PALAFOX-Y-MELSI** (don Joseph), général espagnol, célèbre par sa défense de Sarragosse.
L. aut. sig. en espagnol. Madrid, 5 février 1833. 1 p. 1/2 in-4. Jolie lettre.

611. **PALATINS DE HONGRIE** (princes). Cinq lettres.

PALFFY (Paul). L. sig. en latin. 1648. 3 p. 1/2 in-fol. Cachet. Portrait. — PALFFY (Erdod N). L. sig. en hongrois. 1728. 1 p. in-fol. — WESSELENYI de Hadad (F). 1° L. aut. sig. en latin. 1648. 3 p. in-fol. 2° 2 l. sig. 1660 et 1663. 2 p. in-fol. Cachet.

612. **PALATINS DE HONGRIE** (comtes et princes). Quatorze lettres.

DRASKOVICS (Jean). L. aut. sig. 1643. 2 p. in-fol. et l. sig. à l'empereur d'Allemagne. 1646. 1 p. 1/2 in-fol. Cachet. — FORGACH (Sigismond II). L. aut. sig. 1609. 1 p. in-fol. Cachet, et 2 l. sig. 1607 et 1611. 4 p. in-fol. Cachet. Portrait. — FORGACH (Sigismond III). 3 l. sig. 1643. 4 p. in-fol. Cachet. Portrait. — ILLÉSHAZY (Étienne). L. aut. sig. 1606. 1 p. in-fol. et 2 l. sig. 1608. 2 p. in-fol. Cachet. — ILLÉSHAZY (Comes-Georges). L. aut. sig. 1648. 1 p. in-fol. et l. sig. 1648. 1 p. in-fol. Portrait. — FRÉDÉRIC-LOUIS. L. aut. sig. 1667. 2 p. in-4. Cachet.

613. **PALMERSTON** (H. J. B. Temple, lord), célèbre orateur et ministre anglais.

L. aut. sig. en français à la princesse de Liéven, *s. d.* 2 p. 3/4 in-8. Cachet.

614. **PAPPENHEIM** (Godefroi-Henri, c de), célèbre général allemand de la guerre de trente ans.

Pièce sig. 3 mai 1612. 3/4 de p. in-fol. Cachet.

615. **PASKEWITCH** (J. F.), célèbre feld maréchal russe, vice-roi en Pologne.

L. aut. sig. Tiflis, novembre 1829. 2 p. pl. in-4.

Il vient d'être nommé général en chef par l'empereur, et il craint de ne pas être à la hauteur du poste qui lui est confié.

616. **LE MÊME.**

L. sig. Varsovie, 21 mai 1832. 4 p. pl. in-4.

Superbe lettre remplie de détails politiques et d'appréciations judicieuses sur la Pologne et l'Italie

617. **PAUL I**, empereur de Russie.

L. aut. sig. en français. Saint-Pétersbourg, 24 janvier 1779. 1 p. pl. in-4. Jolie lettre.

618. **PAUL V**, pape.

L. aut. sig. en italien au roi de France. 31 août 1619. 1 p. in-fol. Cachet. Belle lettre.

619. **PAZMANI** (Pierre), jésuite, cardinal, évêque de Strigonie.

L. aut. sig. en latin à l'empereur d'Allemagne. 1630. 1 p. pl in-fol. plus 3 autres pages de la main d'un secrétaire. Très-belle lettre.

620. **PEDRO** (don), empereur du Brésil.

L. aut. sig. en portugais au comte de Villa Flor. 1832. 3/4 de p. in-8.

621. **PENTHIÈVRE** (L. J. M. de Bourbon, duc de), grand-amiral de France.

L. aut. sig. à l'impératrice de Hongrie. Luciennes, 4 octobre 1766. 1 p. in-fol. Enveloppe et cachet.

Condoléances sur la mort de sa mère la comtesse de Toulouse.

622. **PERIER** (Casimir), ministre de Louis-Philippe.

L. s. avec un post-scriptum d'une page 3/4 in-4. 1813. 4 p. in-4.

623. **PERRAULT** (Claude), célèbre architecte, de l'Acad. fr.
Billet de 6 lignes aut. sig. 10 juillet 1672.

624. **PESTALOZZI** (Henri), célèbre instituteur de Zurich, et philanthrope.
L. sig. à M. Jullien. Yverdon, le 25 décembre. 1 p. in-4.

625. **PHILIPPE Ier**, roi d'Espagne.
L. aut. sig. au roi d'Espagne. *s. d.* 1 p. in-fol. Légère déchirure.
Annonce de son arrivée en Espagne.

626. **PHILIPPE II**, roi d'Espagne.
L. aut. sig. à don Juan d'Autriche. 1569. 1 p. pl. in-fol. Cachet. Belle lettre.

627. **LE MÊME.**
L. sig. avec 13 grandes lignes aut. à don Christophe de Mora. Saint-Laurent, 14 avril 1579. 2 p. pl. in-fol. Cachet. Ecrite aussi sur la marge. Belle pièce.

628. **LE MÊME.**
L. sig. avec la souscription aut. à la duchesse de Parme. 22 août 1559. 1/2 p. in-fol. Jolie pièce.

629. **PHILIPPE IV**, roi d'Espagne.
Pièce sig. 8 avril 1632. 1 p. 1/2 in-fol. Cachet.

630. **PHILIPPE V**, roi d'Espagne, petit-fils de Louis XIV.
Projet de l. aut. sig. à Louis XIV. Madrid, 12 juin 1709. 4 p. pl. in-4.
Le roi ayant l'intention de rappeler ses troupes de l'Espagne, il le prie de lui laisser quelques bataillons.

631. **LE MÊME.**
L. sig. au duc de Lorraine. Madrid, 1707. 3/4 de p. in-fol. Cachet.

632. **PHILIPPE-LE-BON**, duc de Bourgogne, père de *Charles-le-Téméraire*.
L. sig. aux maire et échevins de la ville de Dijon. Bruxelles, le 11 février (1426). 3/4 de p. in-fol.
Il leur demande de lui accorder une aide raisonnable «pour le payement des traités faits tant à Pernet Gressart, afin qu'il jure la paix et tienne le parti du roi et de nous, comme pour recouvrer et mettre en nos mains les villes et forteresses de Nogent-le-Roi et Montigny.»
Cette lettre est certainement de 1426, car le traité avec *Pernet Gressart* (que D. Plancher appelle Grasset) chef d'aventuriers qui s'était emparé de la Charité-sur-Loire et de plusieurs autres places, est de l'an 1425. Voy. *Hist. de Bourgogne*, t. IV, p. 51, 61, 78, *etc.*

633. **PHILIPPE Ier**, landgrave de Hesse, dit *le Magnanime*. Signataire de la profession de foi dite *Confession d'Augsbourg*.
Lettre en allemand, terminée par dix grandes lignes aut. sig. 1534. 2 p. in-fol. Trace de cachet. *Rare.*

634. **PICCOLOMINI D'ARAGON** (Octave), l'un des plus célèbres généraux de la guerre de trente ans.
L. sig. en allemand. 1648. 1 p. in-fol.

635. **PIERRE Ier**, empereur de Russie, dit *le Grand*.
L. aut. sig. en russe. 1717. 3/4 de p. in-4. Cachet. *Très-rare.*

636. **PIERRE III**, empereur de Russie, mari de Catherine II.
Pièce sig. 15 août 1760. 3 p. in-fol.

637. **PITT** (William), comte de Chatam, grand homme d'Etat anglais.
L. aut. sig. en anglais. 1760. 2 p. in-4. *Rare.*

638. **POLIGNAC** (le c^al de), ambassadeur, poëte, de l'Ac. fr.
L. aut. sig. à Monseigneur... Rome, ce 27 octobre 1707. 5 p. in-4.
Il se justifie des calomnies répandues contre lui.

639. **POLIGNAC** (le prince Jules de), ministre, signataire des ordonnances de 1830.
1° Lettre aut. sig. *s. d.* 1 p. in-8; ~~2° L. aut. sig. au duc de Laval. Paris, 1820. 2 p. 1/4 in-4. Détails politiques.~~

640. **POMBAL** (S. J. Carvalho, m^is de), célèbre ministre, mort en exil.
Deux notes diplomatiques sig. en portugais au chevalier de Lebzeltern. 22 avril 1776. 6 p. in-fol.

641. **POMPADOUR** (la m^ise de), favorite de Louis XV.
L. aut. sig. à M. de Miromesnil. 15 août 1760. 1 p. in-8. Cachet.

642. **PRINCES DE TRANSYLVANIE.** Onze lettres.
Ragoczi (Georges Ier). L. sig. 1631. 1 p. in-fol. — Ragoczi (Georges II). L. aut. sig. en hongrois. 1656. 1 p. in-fol. Cachet et 3 l. sig. 1656. 3 p. in-fol. Cachet. — Ragoczi (Sigismond Ier). L. sig. 1600. 1 p. in-fol. Cachet. — Ragoczi (F^ois). Pièce sig. 1706. 1 p. in-fol. — Ragoczi (Sigismond II). L. sig. 1648. 2 p. in-fol. Cachet. — Lorandsy (Susanne), femme de Georges Ier Ragoczi. L. sig. 1650. 1 p. in-fol. — Ragoczi (F^ois-Léopold). L. sig. 1712. 1/2 p. in-4. Cachet. — Czaky (Ladislaus). 1659. 2 p. in-fol. Cachet. Portrait.

643. **PRINCES ÉLECTEURS DE L'EMPIRE GERMANIQUE.** Onze lettres.
Charles-Louis. 2 l. sig. 1655 et 1663. 2 p. in-fol. Cachet. — Charles. 2 l. sig. 1680. 2 p. in-fol. — Joseph-Clément, électeur de Cologne. L. sig. 1691. 1 p. in-fol. Portrait. — Jean-Guillaume. L. aut. sig. 1689. 1 p. in-fol. et 2 l. sig. 1690. 2 p. in-fol. — Dietrichstein. L. aut. sig. 1680. 1 p. in-fol. — Ferdinand, électeur de Cologne. L. sig. sur vélin. 1605. — Charles-Théodore. L. sig. 1794. 3/4 de p. in-fol.

644. **PUCKLER-MUSKAU** (le prince), voyageur, célèbre par ses originalités.
1° L. aut. sig. en allemand à la comtesse Vally Revay. 18 novembre 1840. 4 p. pl. in-8.
Relative à la mort de la négresse Mackuba, amenée en Europe par le prince.
2° Article aut. sig. du Dr Freund en allemand, rempli de détails intéressants sur ladite négresse. Muskau, 16 novembre 1840. 12 p. pl. in-8.

645. **PUYSÉGUR** (Jacques Fr. de Chastenet, m^is de), maréchal de France, auteur de *l'Art de la guerre.*
L. aut. sig. à Monseigneur... Paris, 1719. 3 p. in-fol.

646. **RACHEL** (Mlle), célèbre tragédienne.
L. aut. sig. 1 p. in-8. Curieuse.

647. **RAMLER** (Ch. G.), poëte et littérateur allemand.
L. aut. sig. Berlin, 1789. 1 p. in-4.
Ranke (F.-L.), historien allemand.
1 ligne aut. sig. 1830. Pièce d'album.

648. **RANCÉ** (A. J. Le Bouthillier de), réformateur de la Trappe.
L. ~~aut.~~ à Monseigneur... à la Trappe, ce 29 novembre 1694. 2 p. 1/4 in-4. Jolie lettre.

649. **RÉAUMUR** (R. A. de), physicien et naturaliste.
L. aut. sig. à monsieur... Réaumur, 20 sept. 1732. 3 p. in-4.
Il se propose, à son retour à Paris, de lui lire le plan de son *Histoire des insectes.*

650. **RECAMIER** (Mad. Juliette), femme célèbre par sa beauté et son esprit.
L. aut. sig. de 14 grandes lignes à la suite d'une L. aut. sig. de L. de Rohan-Chabot, datée de Rome, 12 mars 1813, 3 p. in-4.

651. **RETZ** (J. F. P. de Gondy, cardinal de), archevêque de Paris, l'un des héros de la fronde, auteur de *Mémoires.*
L. aut. sig. à M. de Lafons. 23 juin 1670. 3/4 de p. in-4. Cachets et soies.

652. **RICHELIEU** (A. J. Duplessis de), cardinal, premier ministre.
L. sig. à M. de Hauterive, au camp d'Alch, 28 juin 1629. 1 p. in-fol. Cachets et soies.

653. **RICHELIEU** (L. F. A. Duplessis de), maréchal de France, ambassadeur, de l'Acad. fr.
1° L. aut. sig. Bordeaux, 1er mars 1763. 1 p. in-4.
2° L. sig. Hanovre 1758. 2 p. 1/2 in-fol. Détails militaires.

654. **RICHELIEU** (le duc de), premier ministre de Louis XVIII.
1° 2 L. aut. sig. 1818 et 1819. 2 p. in-4.
2° L. aut. Aix-La-Chapelle 1818. 1 p. 1/2 in-8. Détails politiques.

655. **RICHTER** (J. Paul), célèbre littérateur allemand.
Billet de 5 lignes aut. sig. à Mme Burger. 1/2 p. in-4.

656. **RIVAROL** (Ant^e^, c^te^ de), littérateur et publiciste.
L. aut. à la princesse de Léon, *s. d.* 1 p. 1/2 in-8. Très-plaisante épître.

657. **RODOLPHE II**, empereur d'Allemagne.
L. sig. en allemand. 1586. 1 p. 1/2 in-fol. Cachet.

658. **ROHAN** (Henri, duc de), prince de Léon, chef des calvinistes en France après la mort de Henri IV.
L. aut. sig. à M. Duplessis. Saint-Jean, le 11 février 1621. 2 p. pl. in-folio. Cachets.
Nouvelles militaires et politiques et nécessité d'établir des relations avec le roi d'Angleterre pour éviter la guerre.

659. **ROMANZOFF** (P. Alexandre de), célèbre maréchal russe.
L. aut. sig. en français. Francfort 1790. 1 p. pl. in-8.

660. **ROSSINI** (Giacomo), célèbre compositeur de musique.
L. aut. sig. à Mlle Sontag, *s. d.*, 1 p. in-8.

661. **ROUSSEAU** (J.-J.), illustre écrivain.
L. aut. sig. à M. Duchesne, à Mottiers, le 3 juillet 1763. 2 p. 1/2 in-4.
Jolie lettre relative à son portrait et à la publication de ses œuvres.

662. **RUCKERT** (Frédéric), poëte allemand.
L. aut. sig. à Lamotte Fouqué. 14 mai 1816. 4 p. in-4. Remplie de détails littéraires.

663. **SAINT-SIMON** (Cl. de Rouvroy, duc de), premier écuyer et favori de Louis XIII.
L. aut. sig. au cardinal de Richelieu. 23 novembre 1635. 1 p. in-4. Cachets.
Protestations de dévouement et de reconnaissance.

664. **SAINT-SIMON** (Louis de Rouvroy, duc de), ambassadeur, ministre d'Etat, auteur de *Mémoires*.

L. aut. sig. au chancelier. *Ce* 25 juillet 1710. 1 p. in-4.

Envoi d'un mémoire qu'il le prie de lire... ayez la bonté pour le pauvre auteur et la patience en faveur de la vérité...

665. **LE MÊME.**

L. aut. sig. à M. Desmaretz, de La Ferté, ce 25 mars 1712. 2 p. 1/4 in-4.

666. **LE MÊME.**

L. aut. sig. à M. le duc de Berwick, de Meudon, 2 décembre 1720. 2 p. pl. in-4.

Relative à un arrêt du parlement de Bordeaux qui décide nettement une question de préséance pour les ducs contre l'archevêque de Bordeaux.

667. **SAINT-PIERRE** (Ch. Castel, abbé de), économiste, auteur du projet de *Paix perpétuelle*, de l'Acad. fr.

L. aut. sig. 30 août 1729. 1 p. in-12.

668. **SALVANDY** (Narcisse-Achille, c^te^ de), ministre et écrivain, de l'Acad. fr.

L. aut. sig. à la comtesse .... sur le Danube, le 3 octobre 1850. 3 p. pl. in-8. Très-belle lettre.

Il lui parle de deux voyages qu'il a faits et dont il a été fort content... A Wiesbaden j'ai vu le prince le mieux fait que nous puissions imaginer, pour le rôle qui lui sera dévolu par la France si elle veut être sauvée. A Claremont j'ai trouvé des esprits et des cœurs convaincus qu'il n'y a que là honneur et sécurité pour la France. A Frohsdorff, j'ai complété mes connaissances et mes satisfactions de Wiesbaden en trouvant dans Mme la comtesse de Chambord la grâce, la bienveillance et le charme qui seraient si nécessaires à l'œuvre de réconciliation que nous poursuivons...

669. **SAVANTS.** Quatre lettres.

Cuvier (G.). L. aut. sig. 1 p. in-4. et l. aut. 1 p. in-4. — Fourcroy. L. aut. sig. an XI. 1 p. in-4, et Lacépède. L. aut. sig. 1814. 1 p. in-4.

670. **SAXE** (Maurice, c^te^ de), maréchal de France.

L. aut. sig. Versailles, 20 janvier 1744. 1 p. 1/2 in-4.

671. **SAXE-WEYMAR** (Bernard, duc de), l'un des plus grands capitaines du dix-septième siècle.

L. aut. sig. en français, *s. l. n. d.* 3/4 de p. in-fol. *Rare*. Détails militaires.

672. **SAXE** (princes de la maison de).

François Albert. L. aut. sig. 1630. 1 p. in-fol. et l. sig. 1633. 1 p. in-fol. Cachet. — Georges Ier. L. sig. 1649. 1 p. in-fol. — Ernest. Pièce sig. 1634. 1 p. in-4. Cachet. — Charles-Auguste. Notes aut. sig. en marge d'un rapport. 1806. 3 p. in-fol.

673. **SCHELLING** (Fr. Guil. J^h^), célèbre métaphysicien et littérateur allemand.

L. aut. sig. *Schg.* à M. Oberkamp, en allemand. Carlsbad, 6 juillet 1820. 1 p. pl. in-8. Déchirure par le cachet enlevant 2 mots.

674. **SCHILLER** (J. Fr. Chr.), célèbre écrivain et poëte dramatique allemand.

L. aut. sig. à son ami Kœrner. Weimar, 17 mars 1788. 2 p. pl. in-4. Cachet. Belle lettre. Détails littéraires.

675. **LE MÊME.**

P. aut. sig. en allemand. Weimar, 18 novembre 1800. 3/4 de p. in-4.

Quittance de 30 ducats, montant du prix de sa pièce de *Marie Stuart*.

676. **SCHLEGEL** (Fréd.), poëte et critique allemand.
L. aut. sig. en allemand à M. Buschinger. 1 p. 1/2 in-8.

677. **SCHLEGEL** (Aug. Guil.), philologue allemand.
L. aut. sig. en allemand à un ami. *s. d.* 1 p. 1/2 in-8.

678. **SCHLOZER** (A. L.), poëte et littérateur allemand.
L. aut. sig. en allemand à M. Hermann. Göttingen, 30 mai 1774. 1 p. in-4. Renseignements bibliographiques.

679. **SCHOMBERG** (Henri, c^te^ de), maréchal de France.
L. aut. sig. au cardinal de Richelieu. Limoges, 21 mai 1624. 1 p. pl. in-fol.
Compliments sur sa promotion au ministère.

680. **SCHOMBERG** (Charles, duc de), maréchal de France.
L. aut. sig. Paris, 28 octobre 1649. 2 p. pl. in-4. Cachet.

681. **SCUDERI** (Madeleine de), romancière célèbre, surnommée la *Sapho moderne*.
L. aut. sig. 1694. 3 p. 1/2 in-4.
Elle mande que les Anglais ont paru devant Barcelone et qu'ils y ont débarqué des troupes, puis elle ajoute... Je vous diray que le Roy a reçu admirablement bien le present de M. Belerland, c'est une vraie antique très-belle où la victoire est gravée, ce fut le père de La Chaise qui la lui donna avec de très-beaux vers qui me sont adressés... J'ay fait une réponse, j'avais mis le cachet de la pièce antique dans une belle Boëtte d'agathe garnie d'or. Sa Majesté trouva la pièce très-belle et prit beaucoup de plaisir aux vers; enfin celà s'est passé très-glorieusement pour M. Belerland et pour moy. S. M. dit qu'elle allait montrer les vers à Mad. de Maintenon, et je prétends lui écrire mercredi prochain pour lui apprendre que je ne suis pas payée...

682. **SECKENDORF** (Guil. Louis de), historien.
L. aut. sig. en allemand à M. Buttuern. 13 avril 1686. 2 p. in-4. Cachet.

683. **SIMIANE** (Pauline de Grignan, marquise de), petite-fille de Mme de Sévigné.
L. aut. à M. d'Héricourt, *s. d.* 2 p. 1/2 in-4. Cachet.
GRIGNAN (F., c^te^ de), lieutenant-général, gendre de Mme de de Sévigné.
L. aut. sig. Montpellier, 1708. 2 p. in-4., plus une pièce sig.

684. **SOULT** (N. J. de Dieu), duc de Dalmatie, maréchal de France et ministre.
L. aut. sig. au ministre. Paris an XI. 1 p. in-fol. Tête impr.

685. **STADION** (le c^te^ J. Ph. de), ministre d'État autrichien.
2 l. sig. 4 et 18 janvier 1806. 4 p. in-fol.
Dans la dernière il est question de l'entrée de l'empereur François à Vienne, et de sa proclamation imprimée jointe à la lettre.

686. **STAEL** (A. L. G. Necker, baronne de), célèbre femme auteur.
L. aut. sig. *s. d.* 2 p. 1/2 in-8.
Relative à la publication de ses œuvres.

687. **LA MÊME.**
L. aut. sig. au prince de Léon, *s. d.* 2 p. pl. in-8.
Belle lettre de condoléances sur la mort de la princesse.

688. **LA MÊME.**
L. aut. à la princesse .... Vienne, 16 mai 1808. 2 p. 1/2 in-8. Très-jolie lettre.

689. **STARHEMBERG** (Guidobald), général en chef des armées espagnoles et conseiller d'État.
L. sig. à la Grange de Valls. 14 juin 1708. 2 p. 1/2 in-fol. Cachet.

690. **STEIN** (Ch.), publiciste allemand.
L. aut. sig. en français. 8 janvier 1827. 2 p. pl. in-4.

691. **STENBOCK** (Magnus, c^{te} de), général suédois.
L. aut. sig. en suédois. 1700. 4 p. in-4. Détails militaires.

692. **STOLBERG** (Fréd. Léopold, c^{te} de), poëte et littérateur allemand.
L. aut. sig. en allemand à son ami Voss. Kulm, 14 juillet 1697. 3 p. in-4.

693. **LE MÊME.**
L. aut. sig. en allemand à Lamotte-Fouqué. Biefeld, 17 février 1813. 3 p. pl. in-4.
Jolie lettre remplie de détails littéraires.

694. **STUART** (Ch. Edouard), dit *le Prétendant*, fils de Jacques II.
Pièce aut. sig. Rome 1772. 1/2 p. in-4.

695. **SULLY** (Max. de Béthune, duc de), célèbre ministre.
L. aut. sig. à M. de Villemontré, *s. d.* 1 p. pl. in-fol.
Jolie lettre, détails militaires, voyage du roi, etc.

696. **LE MÊME.**
L. sig. avec la souscription aut. aux trésoriers généraux de Lyon. 1 p. in-fol. Cachet.

697. **SWEDENBORG** (Em^{el}), fameux sectaire et illuminé suédois.
Pièce sig. 1 p. in-fol. *Rare.*

698. **SZECHENYI** (G. E.), patriote hongrois, ministre sous Kossuth, en 1848.
L. aut. sig. en hongrois à la baronne de Val de Révay. 1839. 3 p. in-4.

699. **TALLART** (Camille d'Hostun, duc de), maréchal de France, né en Dauphiné.
L. aut. sig. Versailles, 24 mars 1712. 1 p. 3/4 in-4.

700. **TALLEYRAND** (Ch. M.), prince de Bénévent, célèbre diplomate.
L. aut. sig. au duc de Montmorency, *s. d.* 2 p. in-8.

701. **LE MÊME.**
L. aut. sig. au même, *s. d.* 2 p. pl. in-8. Jolie lettre.
...Ce n'est pas de repos que je sens le besoin, mais c'est de Liberté. Faire ce que l'on veut, penser à ce qu'il plaît, suivre sa pente au lieu de chercher son chemin : voilà le vrai repos dont j'ai besoin et celui-là je le trouve ici (à Valençay) quand on n'a pas les yeux tout à fait fermés, et qu'il faut absolument voir, il vaut mieux voir de loin que de près ce qui dégoûte, quels tristes personnages que les ambitieux d'aujourd'hui ..

702. **LE MÊME.**
L. aut. sig. *Tall.* Valençay, 22. 2 p. in-8.
Il se plaint de ne pas recevoir de nouvelles... les nouvelles n'arrivent qu'aux personnes qui ont devant elles un avenir, et j'ai clos le mien, la haute sagesse du roi m'assure qu'il sera tranquille, à cet égard ma confiance est entière...

703. **LE MÊME.**
2 l. aut., l'une sig. *T.* et l'autre *Tall.*, à M. Alava et à la princesse de... 3 p. in-8. Plus 2 lettres sig.

704. **TALLIEN** (Jean-Lambert), célèbre membre de la Convention.
Procès-verbal aut. sig. de la levée des scellés chez Mme de Saint-Briée, femme de chambre du prince royal. 1792. 2 p. in-fol.

705. **TEKELI** (Michel), premier ministre de Transylvanie, commandant des mécontents de Hongrie.
1° L. aut. sig. en polonais. 1685. 1 p. in-fol. Cachet.
2° L. sig. 2 février 1684. 1 p. in-fol.

706. **TETTENBORN** (Fréd. Ch.), général autrichien.
1° L. aut. sig. au comte Esterhazy. 1845. 1 p. 1/2 in-8.
2° L. sig. en français. Hambourg, 1er avril 1813. 3 p. in-4.
Belle lettre dans laquelle il justifie la conduite tenue envers M. Schwaz, ambassadeur prussien.

707. **THIERS** (A.), ministre et historien, de l'Acad. française.
2 l. aut. sig. 1845 et 1846. 2 p. in-8.

708. **THUGUT** (Fois Marie, baron de), célèbre ministre d'État autrichien.
3 l. sig. en allemand, au chevalier de Lebzeltern. 1793, 1798 et 1800. 3 p. in-fol.

709. **TIECK** (Louis), poëte et littérateur allemand.
L. aut. sig. en allemand. Dresde 1839. 1 p. in-4.

710. **TILLI** (Jean TZERCLAÈS, cte de), célèbre général allemand.
L. sig. avec la souscription aut. au comte Jean de Nassau. 20 avril 1623. 1/2 p. in-fol.

711. **TILLI** (le cte Albert de), vice-roi de Navarre et de Catalogne.
2 l. sig. 1691. 3 p. in-fol.

712. **TORCY** (J. B. Colbert, mis de), ministre, auteur de *Mémoires*.
2 l. aut. sig. 1699 et 1718. 3 p. in-4.

713. **TORTENSON** (Léonard), célèbre général suédois.
2 l. sig. 1650. 2 p. in-fol. Cachets, une un peu tachée d'encre.
TILLI (J. Werner, cte de), général suédois.
L. sig. avec la souscription aut. 1632. 1 p. in-fol. Cachet.

714. **TOULOUSE** (L. A. de Bourbon, cte de), amiral de France.
L. aut. sig. au maréchal de Cœuvres. 1 p. in-4. Cachet.
Il lui mande de se trouver le lendemain chez Mad. de Maintenon pour causer avec le roi.

715. **TOURVILLE** (Anne-Hilarion de Cotentin, cte de), célèbre amiral.
Certificat sig. le *Maréchal de Tourville*. La Rochelle, 22 juillet 1697. 1 p. in-4. Cachet.

716. **TURENNE** (H. de Latour, vte de), maréchal de France.
L. aut. sig. au comte d'Auvergne. Versailles, 28 janvier. 2 p. pl. in 4. Cachets.

717. **LE MÊME.**
L. sig. 1674. 1 p. in-8. Cachet.

718. **TRENTE** (princes, électeurs de). Neuf lettres.
LEYEN (Ch. Gaspard). 2 l. sig. 1678. 2 p. in-fol. Cachet. — ORSBECK (Jean-Hugo). 6 l. sig. de 1687 à 1693. 8 p. in-fol. — WENZEL (Clément). L. sig. 1778. 1 p. 1/2 in-fol.

719. **URBAIN VIII**, pape.
L. aut. sig. en italien à Jean Batta. Rome 1644. 1 p. pl. in-fol. Cachet. Belle lettre.

720. **URSINS** (A. M. de la Trémouille, princesse des), femme célèbre par le grand rôle qu'elle joua en Espagne sous Philippe V.
L. aut. sig. de Rome, ce 17 août 1698. 8 p. pl. in-4. Très-belle lettre.

721. LA MÊME.

L. aut. sig. à la duchesse de Savoie. 29 mai 1699. 2 p. in-fol.
Belle lettre de condoléances sur la naissance du prince de Piémont.

722. LA MÊME.

L. sig. *la duchesse de Brachain*, avec 5 petites lignes aut. 10 novembre 1695. 2 p. pl. in-4. Jolie lettre.

723. VALDEGAMAS (don Juan Donoso-Cortès, marquis de).

L. aut. sig. en français au comte Esterhazy. Paris, 5 avril 1852. 2 p. 1/2 in-8.
Importante lettre sur la politique de la France.

724. LE MÊME.

1° L. aut. sig. en français au même. Paris, 1er avril. 1 p. 1/2 in-8. Détails politiques intéressants.
2° L. aut. sig. au même. 1852. 1 p. 1/2 in-8.

725. VELASQUEZ (don Diego-Rodriguez de Silva), célèbre peintre du roi Philippe IV d'Espagne.

L. aut. sig. en espagnol à Damien Gotens. Au Palais, le 17 juillet 1660. 1 p. pl. in-4. *Très-rare*. Relative aux dépenses des logements du roi pendant le voyage de Fontarabie.
Il avait été nommé à la fin de sa vie maréchal-des-logis-chef de la maison du roi; c'est à raison de cet emploi qu'il dut se rendre à Irun en 1660 pour préparer les logements du roi qui devait aller dans cette ville pour remettre l'infante dona Maria-Thérèse au roi de France Louis XIV. La fatigue du voyage le fit tomber malade à son retour à Madrid où il mourut le 7 août 1660.

726. VENDOME (César, duc de), fils de Henri IV et de Gabriel d'Estrées.

L. aut. sig. à Son Altesse Royale. Dijon, 18 août 1650. 1 p. in-4. Cachets.
Très-jolie lettre de condoléances sur la naissance d'un prince.

727. VENEGAS (Fois), célèbre général espagnol.

L. aut. sig. en espagnol au comte de Fernand Nunez. Au quartier-général à la Caroline, le 19 septembre 1809. 1 p. 1/2 in-4.

728. VICTOIRE (M. L.), duchesse de Kent, mère de la reine Victoria.

1° L. aut. sig. en français à Mme de Lieven. 1831. 2 p. in-8.
2° L. aut. sig. en anglais à la reine de Belges, *s. d.* 2 p. in-8. Enveloppe et Cachet.

729. VICTORIA (Alexandrine), reine d'Angleterre.

L. aut. en français. *V. B.* 3/4 de p. in-8.

730. VILLARS (Louis Hector de), maréchal de France.

L. aut. sig. au cardinal de Bouillon, *s. d.* 2 p. 1/4 in-4.

731. VILLEROY (Nicolas de Neufville, seigneur de), ministre sous quatre rois.

Mémoire aut. sig. au roi Henri III, 27 janvier 1579. 6 p. 1/2 in-fol. avec les réponses du roi. Sig. 12 fois.

732. VOLTA (Alexandre), célèbre physicien.

Pièce aut. sig. en italien, *s. d.* 1/2 p. in-4.
Il recommande de faire des recherches sur l'évaporation.

733. VOLTAIRE (F. Marie Arouet de).

L. aut. sig. *le Suisse V.* à M. Dupont, à Colmar. Aux Délices, 23 septembre 1758. 2 p. pl. in-8. Cachet.

734. LE MÊME.

L. aut. à M. d'Argental. (10 juin 1761.) 3 p. pl. in-4.

735. **VOSS** (J. H.), auteur et critique allemand.
L. aut. sig. 22 février 1802. 1 p. pl. in-8.
Politz (Ch.), historien allemand.
L. aut. sig. Leipzig 1830. 1 p. in-4. Cachet.
Schubart, littérateur allemand.
L. aut. sig. Ulm, 1775. 3 p. in-8. Un peu tachée.

736. **WALLENSTEIN** (Albert), duc de Friedland, célèbre général suédois.
L. sig. 29 mars 1628. 1 p. in-fol. Cachet.

737. **LE MÊME.**
Ordre sig. 3 novembre 1627. 1/2 p. in-fol.

738. **WALMODEN** (le c^te Louis), célèbre général autrichien.
L. aut. sig. en français. Milan, 30 octobre 1841. 2 p. in-4. Cachet.

739. **WASHINGTON** (Georges), général, président de la République américaine.
L. sig. 10 janvier 1777. 3/4 de p. in-fol.

740. **WALTER SCOTT** (sir), célèbre romancier anglais.
L. aut. sig. 1831. 1 p. pl. in-4. Cachet.

741. **LE MÊME.**
L. aut. écrite à la 3e personne. 1803. 3/4 de p. in-4.

742. **WELLESLEY** (Richard, m^is de), ambassadeur, ministre d'État.
L. aut. sig. en anglais. Strafford 1786. 1 p. 1/2 in-4. Cachet.

743. **WELLINGTON** (Arthur Wellesley, duc de), généralissime des armées anglaises.
L. aut. sig. en français. Londres, 20 janvier 1830. 2 p. in-8.

744. **LE MÊME.**
L. aut. sig. en français. Londres, 28 août 1833. 2 p. in-8.

745. **LE MÊME.**
L. aut. sig. en anglais. A l'abbaye de Mont-Saint-Martin, 1817. 1 p. in-4.

746. **WERNER** (Zacharie), poëte et auteur dramatique allemand.
Fragment de manuscrit aut. avec ratures et corrections. 2 p. in-4.
Rosenkranz (Ch.), littérateur allemand.
L. aut. sig. Kœnisberg, 1851. 1 p. pl. in-8.
Haug, littérateur allemand.
L. aut. sig. à Schiller. Stuttgart 1802. 2 p. in-4.

747. **WICQUEFORT** (Abraham de), diplomate, auteur de l'ouvrage l'*Ambassadeur et ses fonctions*.
L. aut. sig. au cardinal Mazarin. 1637. 1 p. 1/2 in-fol. Cach.
Wicquefort (Joachim de), diplomate, frère du précédent.
L. aut. sig. en latin à Barlao, 14 septembre 1644. 1 p. 1/2 in-fol.

748. **WIELAND** (Chr. M.), célèbre littérateur allemand.
L. aut. sig. 1er février 1804. 1 p. 1/2 in-8. Très-spirituelle.

749. **WINDISCHGRATZ** (le c^te de), ambassadeur à La Haye.
41 l. aut. sig. en français. La Haye, de mars 1691 au 16 juin 1693. Environ 200 p. in-4.
Collection historique fort importante, toute relative à la guerre entre la France et la Hollande ; dans l'une de ces lettres, datée du 3 juin 1692, il rend compte de la bataille de la Hogue... Les Anglais et Hollandois ont

battu la flotte des Français, grâce à Dieu, à platte couture, les avant chassés jusques à Congrest en Bretagne, où il les auront détruits probablement tout à fait; le roi d'Angleterre et M. l'Electeur marchent droit à Namur pour livrer bataille au roi de France; nous verrons si ce Rodomont aura la fermeté de les attendre... Dans la lettre du 17 juin 1692, il parle des prises faites dans la même bataille... Il n'y a que M. de Gabaret qui a sauté à ce qu'on écrit; enfin 24 vaisseaux des plus grands sont sautés, sans que les Anglais ni les Hollandais en aient perdu aucun, en 300 années on n'a point vu une victoire si complette, le *Soleil royal*, qui avait *non pluribus impar* et au-dessous: *je suis l'unique sur l'onde comme mon roi l'est dans le monde*, est à cette heure réduit en cendres; ni sur l'onde ni dans le monde, la ville de Namur a été prise par trahison, le château se défend fort bien...

750. **WINDISCHGRATZ** (Eléonore de), née Schwarzemberg, femme du feld maréchal, tué d'une balle, pendant la révolution de 1848.

L. aut. sig. en français. 22 novembre 1846. 2 p. 1/2 in-4. Très-jolie lettre. Portrait.

751. **WOLKONSKY** (Pierre), feld maréchal russe.

L. aut. en français à Mme... Varsovie, 22 mai 1831. 3 p. pl. in-8. Jolie lettre.

Pahlen (Pierre), général russe.

L. aut. sig. en français. 22 novembre 1829. 3 p. in-4. Jolie let.

Diebit'sch, feld maréchal russe.

L. aut. sig. en allemand. Berlin, 1830. 1 p. in-4.

752. **WOLFF** (Christian), célèbre philosophe et mathématicien allemand.

L. aut. sig. en latin à Ph. Burggravio. 18 janvier 1728. 1 p. 1/2 in-4. Scientifique.

753. **LE MÊME.**

Pensée aut. sig. en latin. Avril 1742. In-8 en travers. Pièce d'album.

754. **WORDSWORTH** (Guil.), célèbre poëte anglais.

L. aut. sig. en anglais. 1847. 1 p. 3/4 in-8.

755. **WORONZOW** (Michel, prince), général gouverneur de la Nouvelle-Russie.

L. aut. sig. en français. Odessa, 25 mai 1834. 7 p. in-4. Belle lettre dans laquelle il parle de son avancement dans la carrière militaire.

756. **WRANGEL** (Hermann), maréchal suédois.

L. sig. 27 août 1626. 1 p. 1/2 in-fol. Cachet.

757. **WRANGEL** (Ch. Gustave), célèbre général suédois, vainqueur à Lutzen, fils du précédent.

1° L. sig. avec la souscription aut. au comte Oxenstiern. 3 juillet 1675. 2 p. in-fol. Cachet.

2° Projet de l. aut. 1675. 1 p. 1/2 in-4.

758. **WURMSER** (Dagobert-Sigismond), feld maréchal autrichien.

L. aut. sig. en allemand. 17 septembre 1793. 1/2 p. in-4.

759. **WYNDHAM** (Guillaume), ministre d'État anglais.

L. aut. sig. en anglais. 1784. 1 p. pl. in-fol. Cachet.

760. **XAVIER** (François), prince de Saxe.

L. aut. sig. à l'impératrice de Hongrie. Versailles, 18 mars 1759. 4 p. pl. in-4. Lettre touchant les Saxons qui sont entrés au service de Sa Majesté impériale et la défense de n'en engager plus dans les troupes de l'impératrice.

761. **ZAPOLYA** (Jean), roi de Hongrie.

1° L. aut. sig. à... 1525. 1 p. in-4. Cachet. 2° L. sig. 1526. 1 p. in-4. Cachet. 3° L. sig. au connétable de Montmorency. 1538. 1 p. in-fol. Cachet.

762. **ZSCHOKE** (J. H. Daniel), célèbre littérateur, publiciste, auteur dramatique allemand.

L. aut. sig. en allemand. 2 octobre 1837. 3/4 de p. in-4.

Zell (Charles), littérateur allemand. 1820. 1 p. in-8.

763. **ZUMALACARREGUI** (Thomas), général espagnol.

Etat signé d'un régiment d'infanterie. 22 août 1827. 2 p. in-fol.

ARTICLES OMIS.

764. **BURGRAVES** (grands) de Bohême et bans de Croatie. Dix-huit lettres.

Martinitz (Bern. Ign., c^te de). 2 l. aut. sig. 1678. 2 p. in-fol. et l. sig. 1 p. in-fol. — Sternberg (Adolphe). L. sig. 1683. 3 p. in-fol. — Trauttmansdorff (Adam-Mathias). 12 l. sig. avec la souscription aut. de 1663 à 1680 au marquis de Grana. 16 p. in-fol. — Erdody (Thomas), ban de Croatie. 2 l. aut. sig. 1606. 2 p. in-fol. — Zriny (Nicolas), ban de Croatie. L. aut. sig. 1559. 1 p. in-fol.

765. **CHAMBELLANS** hongrois (grands). Neuf lettres.

Batthany (F^ois Ier). L. aut. sig. 1565. 3 p. in-fol. — Batthany (F^ois II). L. sig. 1608. 3 p. in-fol. — Collalto (Ant.). 3 l. sig. 1672. 5 p. in-fol. — Eggenberg (Jean). L. sig. 1689. 1 p. in-fol. — Schwarzenberg (Ferdinand). L. sig. 1692. 2 p. in-fol. — Zintzendorff. 2 l. aut. sig. 1672. 3 p. in-fol.

766. **CHANCELIERS** hongrois. Onze lettres.

Drughet (Jean). L. sig. 1641. 1 p. 1/2 in-fol. Cachet. — Illeshazy (Nicolas). L. aut. sig. 1684. 3 p. in-fol. et l. sig. 1/2 p. in-fol. — Ka'lnoky (Samuel). L. aut. sig. 1695. 4 p. in-4. — Koenigsegg (Léopold). 4 l. aut. sig. 1680. 15 p. in-fol. — Mikes (Clément). L. aut. sig. 1684. 1 p. in-fol. Cachet. — Wrbna (Jean). 2 l. aut. sig. 1672 et 1692. 5 p. in-fol.

767. **COLONELS**, commandants et capitaines hongrois et suédois. Six lettres.

Andrassy (Pierre), chef de partisans. L. sig. 1579. 1 p. 1/2 in-fol. — Bosnya'k. L. aut. sig. 1609. 1 p. in-fol. — Haller (Georges). L. sig. 1633. 2 p. 1/2 in-fol. — Kollonitz (Ernest). L. sig. 1608. 1 p. in-fol. — Mitzlaff (Joachim de). L. sig. 1635. 1 p. 1/2 in-fol. — Nyary (Paul. L. sig. vers 1690. 1 p. 1/2 in-fol.

768. **DIVERS.** Cinq lettres.

Capo d'Istria, diplomate. L. aut. 1 p. in-8. — Dalberg (le duc de). L. aut. 1826. 3/4 de p. in-4. — Hammer (Joseph de), orientaliste. L. aut. sig. 2 p. in-8. — Humboldt (Alex). L. aut. sig. 1837. 1 p. in-8. — Prokeschosten (le baron de). L. aut. sig. Berlin, 1852. 1 p. in-4. Il recommande *Litz et Thalberg*.

769. **DIVERS.** Cinq lettres.

Kauffungen (Conrad de), favori de Frédéric le *Débonnaire*, électeur de Saxe, décapité dans l'abbaye de Grunhayn en 1455, sa signature sur un fragment de pièce sur vélin, avec une petite gravure représentant son combat avec le charbonnier. — Stanislas Ier, roi de Pologne. L. sig. à l'impératrice Marie-

Thérèse. 1763. 1/2 p. in-fol. — Antin (le duc d'). L. aut. sig. 1712. 1 p. in-4. — Skytte (Jean), sénateur suédois. Billet sig. 1634. — Gelous (Sigismond), écrivain allemand. L. aut. sig. 1549. 3 p. in-fol.

770. **DIVERS.** Six lettres.

Dupin aîné. L. aut. sig. 1 p. in-8. — Girardin (Mme), poète. 1 pièce de vers aut. sig. 1 p. in-4. — Hugo (V.). L. aut. sig. 1 p. in-8. — Mérimée (Prosper). L. aut. sig. 1 p. in-8. — Montmorency-Laval (le duc de): 1° L. aut. sig. *M. L.* 1 p. in-4. Il fait part de la victoire complète remportée le 18 au village de Mont-Saint-Jean par les alliés. 2° L. aut. sig. Madrid, 31 mai 1815. 1 p. in-4.

771. **DIVERS.** Six lettres.

Balbi (Adrien), célèbre géographe. L. aut. sig. 1827. 1 p. in-8. — Molé (Math.), célèbre président au parlement. Pièce sig. 1662. 1 p. in-fol. — Buckingham (John Villiers, duc de), homme d'Etat et poëte anglais. Sa signature au bas d'une pièce impr. 1714. — Diane de France, fille légitimée de Henri II. Pièce sig. sur vélin. 1618. In-fol. en travers. — Wurtemberg (Paul, prince de). L. aut. sig. 1843. 1 p. in-4. — Whitelocke (B.), ambassadeur anglais sous Cromwell. Pièce sig. 1656. 1/2 p. in-4. Portrait.

772. **GÉNÉRAUX** et **GOUVERNEURS DE PROVINCE.** Dix lettres.

Batthany (Adam Ier). L. sig. 1641. 1 p. in-fol. Portrait. — Bucquoy (Charles). Pièce sig. 1620. 1/2 p. in-4. — Charles Posthume. L. sig. 1622. 1 p. 1/2 in-fol. — Eggenberg (Jean), gouverneur de la Carniole. L. sig. 1683. 1 p. in-fol. — Kollowrat, gouverneur de Prague. L. aut. sig. 1672. 2 p. in-fol. et l. sig. 1 p. in-fol. — Lamberg (F. J^h^), gouverneur de l'Autriche supérieure. 2 l. aut. sig. 1682. 7 p. in-fol. et l. sig. 2 p. in-fol. — Magocsi (F^ois^). L. sig. 1609. 1 p. 1/2 in-fol.

773. **MAGISTRATS HONGROIS.** Sept lettres.

Csa'ky (Michel). L. sig. 1569. 1/2 p. in-fol. Cachet. — Csa'ky (Etienne). L. sig. à l'empereur d'Allemagne. 1640. 1 p. 1/2 in-fol. Cachet. Portrait. — Drugeth de Homonna (Valentin). L. sig. 1608. 1 p. in-fol. Cachet. — Drugeth (Georges). L. aut. sig. à l'empereur d'Allemagne, *s. d.* 1 p. in-fol. — Erdody (Georges). L. aut. sig. 1643. 4 p. in-fol. Portrait. — Illésazy (Joseph). L. sig. 1 p. in-fol. — Szenyogh (Gaspard). L. aut. sig. à l'empereur d'Allemagne. 1637. 1 p. in-fol. Portrait.

774. **MARGRAVES DE BADE ET PRINCES ÉLECTEURS DE L'EMPIRE.** Dix lettres sig.

Hermann, margrave. 2 l. aut. sig. 1671. 10 p. in-fol. et 2 l. sig. 14 p. in-fol. — Guillaume, margrave. Pièce sig. 1677. 1 p. in-fol. Cachet. — Schoenborn (J. Ph.), archevêque et prince électeur de Mayence. 3 l. sig. de 165[illegible] à 1679. 3 p. in-fol. Cachet. — Ingelheim, prince électeur de Mayence. 2 l. sig. 1681. 3 p. in-fol.

775. **MONDEJAR** (le m^is^ de), ministre de Philippe II, vice-roi de Naples.

L. aut. sig. en espagnol. Valence, 20 avril 1575. 3 p. pl. in-fol. Cachet.

Nommé par le roi d'Espagne vice-roi de Naples, il désirerait qu'on lui permît d'emmener sa femme; il demande une réponse prompte pour pouvoir partir avec don Juan.

776. **PRINCES ALLEMANDS ET HONGROIS.** Treize lettres. 3

FRÉDÉRIC de Nassau, Orange. L. sig. 1633. 1 p. in-fol. — PORCIA (Jean). 3 l. aut. sig. 1662. 4 p. in-fol. et l. sig. 4 p. in-fol. — SCHWARZEMBERG (Jean). 4 l. aut. sig. 1671. 9 p. in-fol. et 2 l. sig. 2 p. in-fol. — TOUR ET TAXIS (Eug.-Alex., prince de la). L. aut. sig. 1677. 1 p. 1/2 in-fol. et l. sig. 2 p. in-fol.

777. **STRATMANN** (Henri), ambassadeur à Ratisbonne. 5

8 l. aut. sig. en français. Ratisbonne, de 1680 à 1682. 30 p. in-4.

Curieux détails relatifs à la réunion des villes impériales à la France.

778 Sous ce numéro il sera vendu une quinzaine de lots de pièces diverses anciennes, au nombre de 200 environ, princes, palatins, chanceliers, ambassadeurs, évêques, ministres et autres célébrités.

PORTRAITS.

779. Trente-neuf portraits anciens, format in-fol., la plupart par des graveurs étrangers.

780. Quarante portraits lithographiés et autres, gravés par Levachez, in-fol.

781. Iconographie instructive, quarante-huit portraits gravés.

782. Vingt-cinq portraits de divers formats lithographiés et gravés, dont 4 anglais en chromo-lithographie, et un en photographie.

783. Vingt-huit portraits anciens, format in-4 et in-fol.

784. Soixante-dix-huit portraits anciens de divers formats, la plupart gravés à l'étranger.

785. Quatre-vingt-seize portraits, édités par Furne et Paguerre, et autres anglais, format in-8.

786. Neuf porteaits anciens et modernes, de divers formats.

TURENNE, grav. par Marcenay. — LAROCHEFOUCAULD (le duc de), dessin à l'encre de Chine, etc.

787. Treize portraits anciens et modernes de divers formats.

788. Six portraits anciens.

LOUIS XII. — MARGUERITE D'AUTRICHE, en pied. — ANNE-SOPHIE, duchesse de Brunswick. — ELISABETH DE BOHÊME, reine d'Angleterre, portrait équestre. — FRÉDÉRIC, roi de Bohême, portrait équestre. — Gravure ancienne, représentant GUILLAUME III et MARIE STUART, et une grande quantité d'autres personnages; pièce in-fol.

789. Sept portraits, format in-fol., dont un gravé par Masson, un autre par Morin et cinq par Nanteuil. Belles épreuves.

790. Portrait de Mad. de Maintenon, gravé par Mercury. Jolie épreuve sur papier de Chine avec entourages.

791. Deux portraits, le duc et la duchesse d'Orléans, gravés par Drevet. Belles épreuves. 19.50

792. Trois portraits. 54

ERASME, gravé par Albert Durer. 1526. In-fol. Belle épreuve. — MELANCHTON, gravé par le même. 1526. In-4. Belle épreuve, et CHARLES-QUINT, gravé à Anvers par Jean Liefrinc. In-fol.

www.ingramcontent.com/pod-product-compliance
Ingram Content Group UK Ltd.
Pitfield, Milton Keynes, MK11 3LW, UK
UKHW020953180726
13838UKWH00003B/1309

9 782329 222615